本书获暨南大学“华侨华人研究”
优势学科创新平台资助

《世界华侨华人研究文库》编委会

教育部人文社会科学重点研究基地
Key Research Institute of Humanities and Social Sciences at Universities
暨南大学华侨华人研究院
Academy of Overseas Chinese Studies in Jinan University

为了忘却的爱国者

南洋华侨机工研究

夏玉清　著

暨南大學出版社
JINAN UNIVERSITY PRESS

中国·广州

图书在版编目（CIP）数据

为了忘却的爱国者：南洋华侨机工研究/夏玉清著．—广州：暨南大学出版社，2016.5（2016.6 重印）
（世界华侨华人研究文库）
ISBN 978-7-5668-1854-6

Ⅰ.①为…　Ⅱ.①夏…　Ⅲ.①华侨—抗日战争—史料—中国　Ⅳ.①K265.06

中国版本图书馆 CIP 数据核字(2016)第 113759 号

为了忘却的爱国者：南洋华侨机工研究
WEILE WANGQUE DE AIGUOZHE：NANYANG HUAQIAO JIGONG YANJIU
著者：夏玉清

出 版 人：徐义雄
责任编辑：黄圣英　牛　攀　何镇喜
责任校对：郑晓玲　吴筱颖　刘雨婷
责任印制：汤慧君　王雅琪

出版发行：暨南大学出版社（510630）
电　　话：总编室（8620）85221601
营销部（8620）85225284　85228291　85228292（邮购）
传　　真：（8620）85221583（办公室）　85223774（营销部）
网　　址：http://www.jnupress.com　http://press.jnu.edu.cn
排　　版：广州良弓广告有限公司
印　　刷：深圳市新联美术印刷有限公司
开　　本：787mm×1092mm　1/16
印　　张：11.5
字　　数：221 千
版　　次：2016 年 5 月第 1 版
印　　次：2016 年 6 月第 2 次
定　　价：35.00 元

总 序

在20世纪，华侨华人问题曾经四次引起学术界关注。第一次是20世纪初关于南非华工的问题；第二次是“一战”后欧洲华工问题；第三次是五六十年代东南亚国家出现的“排华”问题；第四次则是80年代中国经济崛起与海外华侨华人关系的问题。每次华侨华人研究成为研究热点时，都有大量高水平研究著作问世，不胜枚举。

进入21世纪以来，随着全球化进程的加速和中国国际化水平的提升，海外华侨华人与中国的发展日益密切，华侨华人研究掀起了新一轮高潮。华侨华人研究机构由过去只有暨南大学、厦门大学、北京大学、华侨大学等少数几家壮大至目前遍布全国的近百所科研院校，研究领域从往昔以华侨史研究为主，拓展至华人政治、华人经济、华商管理、华文教育、华人文学、华文传媒、华人安全、华人宗教、侨乡研究等涉侨各个方面，研究方法也逐渐呈现出多学科交叉的趋势，融入政治学、历史学、社会学、民族学、教育学、新闻与传播学、经济学、管理学、法学等学科方法与视角。与此同时，政府、社会也愈益关注华侨华人研究。国务院侨办近年来不断加大研究经费投入，并先后在上海、武汉、杭州、广州等地设立侨务理论研究基地，凝聚了一大批海内外专家学者，形成了华侨华人研究与政府决策咨询相结合的科学发展机制。而以社会力量与学者智慧相结合的华商研究机构也先后在复旦大学、清华大学等地成立，闯出了一条理论研究与社会实践相结合的华侨华人研究新路径。

作为一所百年侨校，暨南大学在中国华侨华人研究中具有特殊的地位。暨南大学创立于1906年，是中国第一所华侨高等学府。华侨华人研究是学校重要的学术传统和特色。早在1927年，暨南大学便成立了南洋文化事业部，网罗人才，开展东南亚及华侨华人的研究，出版《南洋研究》等刊物。1981年，经教育部批准，暨南大学在全国率先成立华侨华人研究的专门学术机构——华侨研究所，由著名学者朱杰勤教授担任所长。1984年在国内招收首批华侨史方向博士研究生。1996年后华侨华人研究被纳入国家“211工程”1—3期重点学科建设行列，2000年获批教育部人文社会科学重点研究基地（华侨华人研究）。暨南大学于2006年成立了华侨华人研究院，并聘请全国政协常委、国务院侨务办公室原副主任刘泽彭出任院长和基地主任。2011年，学校再次整合提升华侨华人研究力量，将华侨华人研究院与国际关系学系（东南亚研究所）合并成立国际关系学院/华侨华人研究院，继续聘请刘泽彭同志出任华侨华人研究院院长和基地主任，由华侨华人与国际问题研究知名专家曹云华教授出任国际关系学院院长兼华侨华人研究院执行院长。同时，学校还加大科研经费投入，努力打造“华侨华人研究优势学科创新平台”。研究院在加强自身科研能力的基础上，采取以研究项目、开放性课题为中心，学者带项目、课题进院的工作体制，致力于多学科和国际视野下的前沿研究，立足于为国家的改革开放和现代化建设服务，为社会服务，为政府决策咨询服务，努力将之建设成为世界一流的学术研究机构和人才培养基地。

值华侨华人研究在中华大地百花齐放、百家争鸣之际，为进一步彰显暨南大学科研特色，整合校内外相关研究力量，发掘华侨华人研究新资源，推动华侨华人研究学科的发展，学校推出“世界华侨华人研究文库”。本套丛书的著作多为本校优势学科的前沿研究成果，作者中既有资深教授、学科带头人，也有学界新秀。他们的研究成果从多学科视野探索了国内外华侨华人研究的一些新问题、新趋势，具有较高的学术价值和现实意义。

本套丛书的出版得到学校领导的大力关心与支持。学校从“211工程”经费中拨专款予以资助。国际关系学院/华侨华人研究院领导与部分教师也付出了艰辛的劳动，他们在策划、选题、组稿、编辑、校对等环节投入大量精力。同时，暨南大学出版社对丛书出版也给予高度重视，组织了最优秀的编辑团队全程跟进，并推荐丛书申报国家级优秀图书。在此，我们对所有为本丛书出版付出宝贵心血与汗水的同仁致以最衷心的感谢！

最后，我们期盼本丛书的出版能在华侨华人研究领域激起一点小浪花，引来国内外同行更加深入、广泛的研究，为学界贡献更多高水平的成果！

《世界华侨华人研究文库》编委会
2014年10月

序　言

“南洋华侨机工”（以下简称“南侨机工”）是中国华侨史上最让人尊敬而又最为悲壮的一个群体，他们的功勋注定将在历史的长河中留下浓墨重彩的一笔。

云南省是中国第五大侨乡，在祖国西南边陲的这块红土地上，谱写了一曲又一曲海外华侨与祖国同呼吸共命运的壮丽凯歌。特别是在抗日战争时期，云南是海外华侨华人参与抗战人数最集中、事迹最突出的地区之一。在这块热土上，常年传颂着海外华侨华人支援和参与祖国抗战的光辉事迹，其中最具代表性的就是南侨机工。

南侨机工回国抗战是中国华侨史上人数最为集中、组织最为有序、经历最为悲壮、影响最为深远的爱国行动。1938 年，云南 20 多万人民仅用 9 个月时间，就用血肉之躯铺设了被誉为抗战“输血管”“生命线”的国际大通道——滇缅公路。1939 年，在著名爱国侨领陈嘉庚先生的号召、组织下，3 200 多名南侨机工为了确保滇缅公路的畅通和抢运抗战物资，惜别亲人，告别南洋，不远千里，历尽艰辛，踏上了云南的红土高原，辗转于滇黔川桂湘以及缅甸、印度等地，夜以继日地抢运抗战军需物资、运送抗日将士、维修运输车辆。在近 3 年的时间里，累计抢运军需物资近 50 万吨，抢修军车和装甲车辆上千辆，使滇缅公路成为“炸不断的运输线”，确保了抗战“输血管”的畅通。3 年里，1 000 多名南侨机工永远长眠在云南的崇山峻岭中，用生命和鲜血书写了可歌可泣的壮丽篇章。南侨机工与祖国同呼吸共命运，并肩抗击日本侵略，为中国人民抗日战争和世界反法西斯战争的最终胜利作出了不可磨灭的历史贡献。

夏玉清老师现任职于云南师范大学华文学院，毕业于厦门大学人文学院历史系并获得博士学位，专门从事东南亚华侨华人历史和当代问题研究，他也是云南少有的几位专注于研究华侨史情的青年学者。他以严谨务实的治学作风，对历史高度负责的态度，怀着对南侨机工的崇敬之情，耗费了大量的时间和精力，采访了部分在世的南侨机工以及机工的后代眷属，查阅了大量的历史档案和南洋报刊资料，多次参加与南侨机工相关的学术研讨会和纪念活动，经过不懈努力，终于为读者呈现了一部较为全面反映南侨机工回国抗战这段历史的作品——《为了忘却的爱国者——南洋华侨机工研究》。本书用大量的历史资料、图表、数据和图片从南侨机工回国抗战的背景、返国的路线、在国内的组织管理、在军事运输中所发挥的作用、战后的生活等方面反映了南侨机工回国抗战这段可歌可泣的历史，是一部比较全面、客观、翔实的研究性著作，对了解和研究南侨机工回国抗战的历史以及研究南洋华侨领袖、社团等都有着重要的学术意义和历史意义。同时，在实现中华民族伟大复兴的征程中，对弘扬海外侨胞爱国爱乡的优良传统，凝聚侨心，激励海内外中华儿女同圆共享“中国梦”有着深远的现实意义。

让我们记住70多年前返回故国共赴国难的这些海外赤子——南侨机工！

云南省侨务办公室主任 杨杰

2016年5月

目　录

第三编　捷报已传问归途

绪　论

习近平同志指出："中国人民抗日战争，从一开始就具有拯救人类文明、保卫世界和平的重大意义，是世界反法西斯战争的重要组成部分……中国人民抗日战争在战略上策应和支持了盟国作战，配合了欧洲战场和太平洋战场的战略行动，制约和打乱了日本法西斯和德意法西斯战略配合的企图。"

当1939年中国抗战需要运输人才之时，近3 192名[①]具备相应技术的南洋热血华侨在以陈嘉庚为首的南洋华侨筹赈祖国难民总会（简称"南侨总会"）的组织下，回国抗日，在西南国际运输线——滇缅公路上运输战略物资，为中国抗战作出了伟大贡献。参加南洋华侨机工回国服务团的华侨青年"舍身而不顾，毁家而不怨"。"他们有的是抛妻别子，有的是抛弃历年积累的财产"[②]，志愿响应祖国的招募并返国加入机工队伍。

南洋华侨机工简称"华侨机工"或"南侨机工"，是因"南洋华侨机工回国服务团"而得名。狭义的南侨机工是指抗日战争时期应国民政府请求由南侨总会统一组织招募的司机、修机等华侨技术人员。广义的南侨机工除了包括南侨总会统一派遣的以上机工外，还包括以如下方式抵达中国的华侨青年：①南洋各地社团自发组织抵达中国，如来自槟城、柔佛等地的华侨机工；②南侨总会统一组织招募时期，未从新加坡统一出发而直接抵达中国的来自泰国、越南、菲律宾等地的机工；③战前已在中国服务，后经中国政府部门介绍直接进入西南运输处参加军事运输的华侨青年。

为纪念南侨机工，云南省人民政府于1989年5月在昆明设立南洋华侨机工抗日纪念碑。碑文如下：

七七事变爆发，日寇猖狂入侵，神州大地，烽烟四起，国土沦丧，生灵涂炭，中华民族处于危机存亡的关头。全国同胞抗日怒潮汹涌澎湃，气壮山河。海

① 大多数研究者认为，3 192名南侨机工在滇缅公路牺牲三分之一，滞留在中国大陆三分之一，返回南洋三分之一。关于南侨机工的人数，下文会有详细论述。

② 《社论：华侨与抗战》，《云南日报》，1939年5月8日，第3版。南洋华侨青年舍弃家庭和事业加入机工队伍者比比皆是，但抗战胜利后，不论是留在中国的机工还是回到南洋的机工，大部分家庭都遇到了各种困难。

外华侨同仇敌忾，义愤填膺，积极参加抗日，广泛开展义演、义卖、募捐、捐款等救亡活动，万众一心，共赴国难，波澜壮阔，四海翻腾。

一九三九年，在南洋华侨筹赈祖国难民总会主席陈嘉庚先生的号召下，三千多名热血奔腾的南洋华侨机工，满怀“国家兴亡、匹夫有责”的高度民族责任感，毅然离别父母亲人，远涉重洋，回到祖国，投身于神圣的抗日救国服务工作。

当时，沿海港口均已沦陷，滇缅公路成为唯一的国际通道，世界各国和海外华侨支援我国抗日的军需均赖此路输入。南侨机工不顾个人安危，冒着弥漫的战火，夜以继日地抢运军需辎重及兵员，组装、抢修车辆，培训驾驶、修机人员。滇缅公路沿途山高谷深，地势崎岖，设施简陋，加之敌机狂轰乱炸，路塌桥断，险象环生。南侨机工沐雨栉风，披星戴月，历尽千难万险，确保了这条抗日生命线的畅通，被誉为“粉碎敌人封锁战略的急先锋”。在执行任务中，有一千多人因战火、车祸和疾病为国捐躯。在滇黔、滇川、广西、湖南公路和印度阿萨姆邦丁江机场，南侨机工也担负抗日运输任务，勋劳卓著，也在中国人民抗日战争史和世界人民反法西斯战争史上建立了不可磨灭的功勋。

抗战胜利后，约有一千名南侨机工复员回到南洋；留在国内的同志，新中国成立后，在社会主义建设事业中，继续作出积极的贡献。

半个世纪过去了，南侨机工伟大贡献精神一直鼓励海内外的炎黄子孙高举爱国主义的旗帜，为振兴中华、实现四化、统一祖国而努力奋斗！

为了表彰南侨机工的光辉历史功绩，并激励来兹，特树丰碑，永志纪念。

云南省人民政府

一九八九年五月

南侨机工是中国和东南亚华人共同的历史记忆，其所体现的维护世界和平的精神折射出近代乃至当代中国与东南亚文化互动的轨迹和东南亚华人的价值内涵。新加坡中华总商会会长陈共存认为，应重视“二战”时期南侨机工返国抗战的历史，华侨机工的历史至今仍是“抗战史的空白”。南侨机工历史是一本宝贵的历史教材，“可以纠正年青一辈的颓废的思想，教导海外的华族，各为其个别国家，为社会作贡献”。

本书以抗战时期的南侨机工为研究对象，参考云南省档案馆保存的南侨机工历史档案、台湾“国史馆”的“南侨机工复员”档案，辅以 20 世纪 30 年代中国和南洋报刊、南侨机工口述材料等资料，围绕这一群体为何、如何离开南洋家园来到中国抗战的大后方——云南昆明，南侨总会在机工招募及南返中扮演的角色，国民政府如何管理和组织南侨机工，以及机工在中国的军事运输中所起的作用等，分三编来展开论述。本书的出版，对我们深入认知和了解二十世纪三四十年代南侨机工返国运输抗战的历史具有重要的学术意义；有助于深入了解陈嘉庚对中国抗战的贡献以及陈嘉庚与国民政府之间的复杂关系，从而推进学界对陈嘉庚的研究；同时，以南侨机工为个案，考察南侨社团如南侨总会的运作机制、对中国抗战的贡献等，进而探讨华商及华侨大众对抗战的贡献。

希望本书能够加深国人对海外华人社会历史的了解，使人们以史为鉴，反对战争，维护世界和平。而了解南侨机工，有助于世界了解“二战”期间中国人民、中国军队如何与南洋华侨并肩战斗，对世界反法西斯战争与中国抗战所作出的重要贡献，亦有利于促进当代中国与包括华人在内的东南亚社会之间的联系和交流。

位于西山的南洋华侨机工抗日纪念碑（云南昆明）

第一编
前路无惧纾国困

第一章　忧心忡忡：国难当头心焚

20世纪30年代末第二次世界大战爆发后，欧洲战场和中国战场虽然还没有结成反法西斯联盟，但互相支撑和牵制，特别是中国反法西斯军队的顽强抵抗，将日军主要兵力牵制在中国战场，阻止了德国和日本联合的计划，有力地支持了欧洲战场。

一、烽烟四起　反法西斯

（一）中国抗战形势

1937年7月7日，日本发动“七七”事变，中日战争全面爆发。“七七”事变成为中国全民族抗战的开端，由此开辟了世界反法西斯战争的东方主战场。日本法西斯的侵略，激起了中国人民的奋勇反抗。经过淞沪会战、徐州会战、台儿庄战役等较量，中国并没有屈服，依然顽强作战。

图1-1　日军攻占卢沟桥

图1-2　卢沟桥上的中国守军奋起抵抗

1938年8月至10月，中日双方在武汉再次展开会战。武汉会战使中日战争进入相持阶段，成为中国抗日战争的转折点。虽然此战的结果是武汉、广州失守，但大大消耗了日军的有生力量，牵制了日军的大部分陆军主力，使日军“三个月灭亡中国”的计划流产。武汉会战后，日本陆军主力不得不把大批兵力投入中国战场，1938 年 10 月，日本陆军总兵力为 34 个师团，其中朝鲜 1 个，中国东北 8 个，中国本部 24 个，日本本土 1 个，日本陆军总兵力的 94% 投入了中国战场。[①]

日军近百万大军在中国战场受到牵制，成为日军一直不能实施北进苏联计划的关键因素之一。

（二）世界反法西斯形势

20 世纪 30 年代的意大利和德国，法西斯势力相继上台，在欧洲发动侵略战争。1939 年 3 月，纳粹德国吞并了奥地利，并将矛头指向捷克，企图建立世界法西斯政权。此时英国、法国等西方大国，没有认识到法西斯的危险，大都独自备战以求自保。因此，这些大国不但未反对日本侵略中国，甚至对日本侵略中国实施了妥协退让乃至纵容的绥靖政策。而德、意、日法西斯联合起来，建立了国际法西斯政治同盟。

1936 年 11 月，德日签订了《反共产国际协定》（1937 年意大利加入）。1938 年 2 月 20 日，希特勒正式承认伪满洲国，同年 4 月，德国宣布对中国禁运军火，以实际行动支持和纵容日本扩大侵华战争。同时，德国的侵略引起了苏联的注意，苏联也在积极备战。

欧美各国对日侵华态度虽不明确，但开始在行动上支持中国。1938 年 12 月 5 日，美国作出援助中国的第一步：公开宣布给中国 2 500 万美元的桐油贷款（在其合同中，中国订购载重 2.5 吨以上的卡车 1 000 辆）。[②] 虽然贷款附有不得购买军事物资的条款，但在具体执行时较为宽松。

1938 年 12 月 20 日，英国政府宣布向中国提供 50 万英镑的贷款，帮助中国为新开通的具有战略意义的滇缅公路的运输购买卡车。1939 年 12 月 18 日，英国宣布向中国中央银行和交通银行提供 500 万英镑的平准基金贷款，以稳定中国的法币汇率。[③] 由此可见，英国政府虽然对中日冲突问题举棋不定，但总体上还是援华制日。

二、东南被封　物资难运

在中日战争初期，中国战场所需要的飞机、坦克、大炮等重型武器以及战争

---

① ［日］服部卓四郎：《大东亚战争全史（一）》，北京：商务印书馆 1984 年版，第 194 页。

② 陶文钊：《战时美国对华政策》，武汉：武汉大学出版社 2010 年版，第 135 页。

③ 王建朗：《抗战初期的远东国际关系》，台北：东大图书股份有限公司 1996 年版，第 285 页。

损耗补给大多数是从国外进口的。中国“兵工建设，虽略具规模，但因工业落后，多数兵工原料及重型兵器，仍须友邦接济。该项兵工汽车，远涉重洋，几经接转，为战时运输之最繁重最艰巨之任务”①。这些国外进口军用物资补给主要从东南沿海运至中国。

根据中国第二历史档案馆编的《国民政府筹备抗战档案史料一组》（《民国档案》1997 年第 2 期）显示，1936 年 5 月，国民政府在筹备抗战报告中显示出对开战后日本封锁中国沿海的担忧：“日本必以海军封锁中国海岸，使武器与各种需品不得输入，以断中国之外援及海上交通。按中国海军，现有名无实，参照情况判断即可知矣……至封锁中国海岸，仅用其防御部队（即其第三舰队）之一部，即可达其目的。”从这份报告可以看出，国民政府已经认识到中日两国海军力量的明显差距。据统计，1938 年，日本舰艇 200 余艘，总吨位 190 万吨，海军实力位居世界第三；而中国新旧舰艇 66 艘，总吨位 59 034 吨。②

日军随后的军事行动也印证了国民政府的这一猜测。中日战争爆发至武汉会战前后，日军一方面实行陆军作战，另一方面看到中国抗战所需的军事物资对从国外进口的严重依赖，于是凭借在海军上的优势，实行封锁中国东南沿海的政策。1937 年 8 月 25 日，日本军部发表“遮断航行”的宣言，宣布封锁上海至华北沿海；同年 9 月 5 日，再次宣布封锁中国全部海岸线。在抗战的第一年，日本便以优势海军占领中国的沿海港口、岛屿如下：

华北：烟台、威海卫、青岛外之灵山、大公诸岛，及连云港外之鹰鹫山岛。

华中：崇明岛、马鞍山岛、杭州湾附近各岛，温州口外之黄大屿。

华南：厦门，福州口外之马祖岛，厦门附近之金门及小金门、汕头外之南澳岛、东沙群岛及其他岛屿。③

日军随后决定，占领中国内地的重要补给来源地——广州，以配合武汉会战及切断经香港至广州、武汉的补给线。广州地理位置极为重要，“广州扼水路交通之总汇，大部分军火由此输入，为抗战初期之军略要地”④。而且广州与香港毗邻，香港一直是军火输入中国内地的重要港口。

在中日武汉会战的关键时刻，1938 年 10 月 12 日，日军以一个半师团四万余

① 龚学遂：《中国战时交通史》，上海：商务印书馆 1947 年版，第 5 页。

② 刘庭华：《中国抗日战争与第二次世界大战系年要录·统计荟萃（1931—1945）》，北京：海军出版社 1988 年版，第 475 页。

③ 曹聚仁、舒宗侨编著：《中国抗战画史（上）》，北京：中国文史出版社 2011 年版，第 342 页。

④ 曹聚仁、舒宗侨编著：《中国抗战画史（上）》，北京：中国文史出版社 2011 年版，第 342 页。

人，向广州附近的大亚湾和大鹏湾进攻。10 月 29 日，广州附近战略要地全部沦于日本，中国最为重要的对外通道被切断。

同日，蒋介石召开国防最高会议，作了题为“国府迁渝与抗战前途”的讲话，明确宣布：“为坚持长期抗战，国民政府迁都重庆，以四川为抗敌大后方。”武汉、广州失守后，国民政府西迁重庆继续抗战，大西南和大西北各省成了抗战的大后方。

海南是广州失陷后中国重要补给的中转来源。为切断国民政府的外援路线，1939 年 2 月 19 日，日军在海口登陆，海南很快成为日军进攻华南的前进基地。自此，日军基本占领了中国东南沿海重要港口，完全阻断了中国东南沿海的军事武器补给线。

中国东南沿海被封锁后，给中国带来了以下两方面的困难：

第一，军事物资补给线被阻断，这在很大程度上影响了中国抗战所需的军事武器的补给。在抗日战争的相持阶段，战争武器损耗能否及时得到补充是决定胜负的关键因素之一。“双方都只有很少的地区易手。从这方面看，中国维持战争的能力完全变成了一个供应问题。”① 为解决国外军事物资补给问题，中国政府不得不寻求其他国际补给通道。

第二，中国外汇来源受到极大影响。中国农副产品在东南沿海未被封锁前，主要通过沿海港口出口以换取外汇，西南地区的锑、钨、桐油、茶叶等农、矿产品亦由东南沿海港口出口，以换取国外的军用品。② 被封锁后，中国外贸货物不能及时出口换取外汇，这对财政困难的中国政府而言，是更大的困难和挑战。

三、多方修道　内外连通

在战争时期，交通关系到军事、民众疏散、物资迁移等重大问题，是关系战争全局胜败的关键因素之一。蒋介石多次召开会议研究军事运输补给问题，认为：“应视此（军事物资运输）为第一急务。”③ 国民政府认识到军事物资补给在持续抗战中的重要地位，为此采取以下措施来解决国外军事物资运输补给问题。

---

① 转引自［美］威廉·凯宁著，戈叔亚译：《飞越驼峰》，沈阳：辽宁教育出版社 2005 年版，第 6 页。

② 郭汝瑰：《国民政府的抗战准备》，《抗日战争研究》2003 年第 5 期，第 23 页。

③ 《蒋委员长致俞飞鹏函》，秦孝仪编：《中华民国重要史料初编：对日抗战时期》，台北：国民党党史委员会 1988 年版，第 933 页。

（一）开辟陆路国际运输通道

从西北、西南陆路打通国际通道，并以主干线连接国内各地，是打破封锁的重要途径。

西北地区的公路建设在中苏建交、国共合作的背景下快速发展，自新疆经甘肃河西走廊通往陕西、四川和南方各省的几条主要干线公路建成，物资可经甘肃兰州至新疆迪化（今乌鲁木齐）进入苏联，是连接中国和苏联的国际通道，该线在中日战争爆发前已基本修筑完成。兰州是苏联援华物资的集散地和中转站。《抗战时期甘新公路修建与苏联援华物资运输》（王柏华整理，《兰州晚报》，2013 年 7 月 30 日）介绍："中国政府利用苏联贷款购买的武器装备，除了从苏联飞往兰州的飞机以外，包括尚未组装的飞机及配件，其中绝大部分都通过甘新公路运输到兰州，然后再分发到国内各抗日前线。"但后来苏联为避免与德、日两线作战，与日本签订了《日苏中立条约》，停止援华。

图 1－3　1941 年兰州城郊黄河边甘新公路上运送物资的车队

在抗战前，"整个四川境内，只有一条民营的铁路（全长仅 9 公里）已经通车。其他铁路，多限于停顿状态，或尚在计划阶段"①。为沟通大后方各省铁路

① 吴藻溪：《抗战前的四川经济》，《四川经济季刊》1944 年第 1～2 期。

的联系，国民政府决定赶建湘桂、黔桂、叙昆、滇缅及西北等铁路。在西南方面，一是经广西南宁到越南，经云南至越南河口一线；一是滇缅公路（中国昆明至缅甸腊戍），该线路由缅甸港口仰光经铁路至缅甸北部的城市腊戍，然后沿滇缅公路至中国昆明。1937 年 2 月 5 日，在中国国民党五届三中全会上，云南省政府主席龙云提议修筑滇缅公路并强调其重要的战略地位："滇缅公路西通缅甸，南通广东、北海，东则可与长江各省联络，实为国防后方海陆交通之惟一出口，一旦有事，欲求对外，又一安全通路。"①

1937 年 11 月，国民政府同意并委托云南省政府修筑滇缅公路。② 云南省政府动员云南的彝、白、傣、苗、傈僳、回、汉等 10 个民族 15 万民工，克服缺少大型机械、雨季、瘴气等困难，于 1938 年 12 月底修成滇缅公路。该路全长1 146 公里，东起云南省会昆明，西行经下关到畹町出境，直通缅甸境内的腊戍的公路线。该路在缅甸北部的腊戍与通仰光的铁路相连，成为一条直通印度洋的出海交通线。1938 年 9 月至 1942 年初，滇缅公路成为中国抗战后方唯一的国际通道。滇缅公路是世界反法西斯国际合作的交汇点，对中国抗战和世界反法西斯战争具有重要的战略意义。下文将对此展开详细论述，此不赘述。

（二）加强运输管理

为解决军事物资运输问题，国民政府因考虑利用香港口岸，于 1937 年 10 月 1 日在广州成立"军事委员会西南进出口物资运输总经理处"（简称"西南运输处"）。因涉及军事运输秘密，西南运输处对外称"兴运公司"，不久改称为"西南运输公司"。③ 作为抗战时期我国最大的官方军事物资运输机构，该机构在成立之初由广州市长曾养甫兼任主任。1938 年 2 月，宋子良任西南运输处主任。

西南运输处于 1938 年 9 月广州陷落前撤往昆明。昆明除了滇缅公路之外，还有昆筑、昆泸公路分别连接中日对峙的前沿贵阳和陪都重庆，是滇缅公路出口物资总站和国外物资到达的终点，也是滇缅公路业务、管理、工程的中心机构所在地。

迁到昆明后，西南运输处主要统筹西南各进出口物资运输事宜，运输物资主要有兵工署进口军械、航空委员会油料及其他部门的军运品等。"举凡进口军品

---

① 云南省档案馆编：《云南档案资料汇编》，昆明：云南人民出版社 2003 年版，第 36 页。

② 滇缅公路在中国境内分两段，其中昆明至下关一段，全长 411 公里，已由云南省政府于 1935 年贯通；此时修筑的是由下关至中缅边境城市畹町段，全长 548 公里，工程量大且任务艰巨，跨越漾濞江、澜沧江、怒江三条大河，翻越横断山脉。

③ 陶子厚：《抗战时期的西南运输总处》，《民国档案》1996 年第 2 期，第 34 页。

之供应，作战部队之输送以及出口之接济，罔不在筹办之列。”①

西南运输处采取加强管理、购买车辆、开辟国外通道等措施来解决中国抗日所需的军事物资补给问题。一方面配备精干人员充实运输管理机构，同时在国外订购新车以扩展军运。另一方面，对国内外所属机构进行调整。国内，为运输和接转运输物资及方便沟通联系，西南运输处先后在川滇线设立贵阳、重庆、泸县分处，沅陵支处；在国内滇缅公路沿线设立遮放、保山分处。国外，将缅甸分处改为仰光分处，在缅甸北部增设腊戍、八莫两个支处。还在新加坡、菲律宾等海外设立分处，便于在国外重要港口接转军事物资。1938 年 11 月 1 日，在中国外交部协调及新加坡当地华侨社团帮助下，新加坡分处正式成立，陈质平任分处处长，唐云华为副处长。新加坡分处的成立确实在接转国外军事物资中起到了重要作用，更在 1939 年国民政府招募机工回国中扮演了重要角色。

中国交通事业发展相对滞后，导致从事与交通事业相关的司机、修理工等人才严重不足。苏联、英国、美国等国运来大批卡车支援中国抗日，世界各国的华侨也倾力捐赠，成为国际军运的重要力量。在当时，卡车属技术较为先进的装备，不少装配、操作与维修的说明书用英文写就，而驾驶和维修的专业人才十分缺乏，成为拓展军运的重大制约。② 西南运输处面临的最大困难就是技术高超的驾驶人员和修理技术人员匮乏。

开通后的滇缅公路即因汽车驾驶、修理人才的缺乏而效率低下，大批货物囤积在滇缅公路沿线急需内运。表 1－1 显示，1939 年 5 月西南运输处畹町分处运量为：经仰光到腊戍物资达 2 249 辆，而运出物资仅 649 辆，可以看出运输能力严重不足。

表 1－1　西南运输处畹町分处 1939 年 2 月至 5 月运量情况表

月份	昆明来车数	待修车辆数	百分比（%）	腊戍运来物资车辆数	运出物资车辆数
2	3	1	33	134	16
3	231	12	5	777	167
4	418	51	12	1 528	369
5	605	91	15	2 249	649

资料来源：《西南运输处畹町分处工作报告（1938 年 10 月至 1939 年 5 月）》，云南省档案馆藏，西南运输处档案，档案号：54－30－1325。

① 黄菊燕：《战时西南运输档案史料》，《档案与史学》1996 年第 5 期，第 21 页。

② 庄岐：《宋子良在西南运输总处》，《世纪》2014 年第 4 期。

为解决这一问题，西南运输处曾设法在中国国内培训技术人员。如在广西、广东、湖南等省设立汽车机工训练所，[①] 但短时间内难以培养出运输所需的技术人才。西南运输处运输人员训练所所长张炎元担忧地说："今年（1939 年）2 月初，招收初中程度学生千余人，入所训练，青年潜心求学，但是因为技术的关系，至少亦须受训半年，然后才能分别录用，在这半年的时间之内，国内运输问题怎样解决？"[②]

在此艰难处境下，为解决运输人员缺乏的问题，1939 年 2 月 7 日，西南运输处宋子良致函南侨总会主席陈嘉庚，请求他在南洋招募汽车驾驶、修理人才，以解燃眉之急。

① 龚学遂：《中国战时交通史》，上海：商务印书馆 1947 年版，第 56 页。
② 《西南运输处张炎元致南洋华侨的一封信》，《总汇新报》，1939 年 5 月 17 日，第 5 版。

第二章　爱国拳拳：多种方式支援

一、毁家纾难　支持祖国

中国作为积贫积弱的农业国抵御日本这个现代化工业国的进攻，尽力维系经济不至于崩溃，从而为抗日战争提供最基本的物质基础，成为坚持长期抗战的重要力量源泉。“财力增厚，即战力增强。”[①] 在救国救亡声中，广大华侨积极支持祖国抗战，除了组织抗日队伍奔赴祖国抗日前线英勇杀敌之外，还采取捐款、寄汇、贸易、投资、抵制日货等方式。

（一）捐款

华侨的大量捐款，成为支持祖国长期抗战的重要财源。当时全世界 800 万华侨中有 400 多万人参加了捐款，中日两国侨民对本国捐款之比为 31∶1。[②] 目前的研究尚难确定南洋华侨在抗战期间的捐款总数，但一般认为，南洋华侨的捐献几乎占全部抗战军饷的三分之一，若再加上侨汇，则可以说，战时维持中国财政经济的二分之一是由海外华侨负担的。[③]

1939 年之前，南洋华侨支援中国抗日的方式以捐款、物资援助为主。与此同时，一些华侨社团向国民政府提出组织华侨回国服务的要求，但被婉拒，并被告知“侨胞应继续就地努力发展原有业务，以物资贡献为主”[④]。

1937 年 8 月 15 日，在新加坡成立星洲筹赈大会之时，陈嘉庚极力主张重在以捐款方式支援中国抗战，提出“有钱出钱，有力出力”的口号。1938 年 10 月 10 日，在南洋华侨筹赈祖国难民大会上，陈嘉庚再次强调捐款援助中国抗日的重要性。南侨总会成立后，该机构成为南洋华侨社团最高的联合机构，涵盖南洋 45 个筹赈会组织，其代表东南亚所有的海外华侨，可以调动区内华侨的经济资

---

① 《国民政府海外侨胞函》，《总汇新报》，1938 年 10 月 13 日，第 6 版。

② 罗平汉、齐小林：《经济：持久抗战的物质保证》，《经济日报》，2015 年 9 月 2 日。

③ 华侨志编撰委员会编：《华侨志总志》，台北：华侨志编撰委员会 1964 年版，第 578 页。

④ 《吝株巴辖益群书报社社长呈侨委会函（1939 年 11 月 28 日）》，云南省档案馆藏，西南运输处档案，档案号：54－10－546。

源并汇聚善款交给中国政府。[①] 为了缩小方言群分歧而扩大彼此间合作，南侨总会以方言群为基础，成立了不同的方言筹款小组。组长由方言群领袖担任，每个小组由该方言群中有影响力的侨领组成，此种方式能够针对本方言群特点采取灵活方式为抗日筹款。[②]

南洋华侨捐款的主要形式有购买公债、特别捐、常月捐、售卖纸花和纪念品、支持武汉合唱团筹款演出活动等。

1. 购买公债

中国政府发行的公债，历来都是由上海、南京、杭州方面的银行团一手认购的。[③]“七七”事变后，中国政府积极并有计划地在海外募集部分公债，以维持战争经费支出。其中大部分公债如救国公债、国防公债等在南洋华侨中发行，号召海外华侨社会为抗战购债。南洋各地社团响应号召，纷纷投入劝购工作，各地华侨购买公债极为踊跃。除了华侨富商购买外，普通华侨也按照月薪购买一定比例的中国公债。据统计，在太平洋战争爆发前，海外华侨月捐达到 1 350 万元，其中南洋华侨月捐总数居世界各洲之首。[④]

2. 特别捐和常月捐

特别捐也就是纪念日劝捐。根据《南侨筹赈总会拟定筹赈法》，各地筹赈会充分利用中国的重要节日来推动献金运动，包括“开国纪念日”“总理忌辰”“黄花岗纪念日”“卢沟桥纪念日”“八一三抗战纪念日”等。在南洋华侨社会，该捐款方式一直持续到 1941 年日本占领南洋。[⑤] 根据第一次南侨代表大会总结，常月捐捐款者分为四类：一是各行店公司应认捐者，二是各店伙伴应认捐者，三是自由职业者应认捐者，四是劳动界应认捐者。马来亚槟榔屿、新加坡的华侨筹赈会分别发出《劝募长期月捐宣言》《扩大推行常月捐宣言》，指出华侨助赈祖国“最好的办法，就是大众都来认月捐，抗战一日不停，我们的月捐也就不断缴出去，直到民族得解放为止”[⑥]。

---

① ［澳］颜清湟：《海外华人民族主义：在传统与现代化之间》，《海外华人的传统与现代化》，新加坡：南洋理工大学中华语言文化中心、八方文化创作室 2010 年版，第 302 页。

② ［澳］颜清湟：《海外华人与中国的抗日战争（1937—1945）：海外华人的政治蜕变》，《海外华人的传统与现代化》，新加坡：南洋理工大学中华语言文化中心、八方文化创作室 2010 年版，第 320 页。

③ 姚玉民、崔丕、李文译：《日本对南洋华侨调查资料选编（1925—1945）：第三辑》，广州：广东高等教育出版社 2011 年版，第 258 页。

④ 陈嘉庚：《南侨回忆录》，香港：草原出版社 1979 年版，第 344 ~ 345 页。

⑤ 黄枝连：《东南亚华族社会发展论》，上海：上海社会科学院出版社 1992 年版，第 42 页。

⑥ 其昭：《南洋华侨推行常月捐之过去与现在》，《华侨动员》1939 年第 19 期。

图 2－1　南侨总会七七献金纪念章

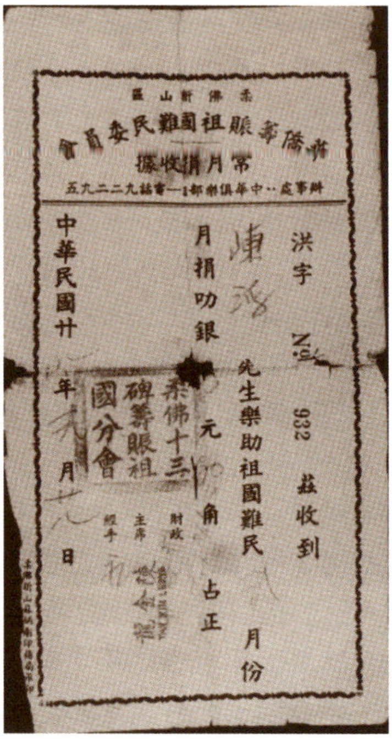

图 2－2　1939 年马来亚柔佛州新山筹赈会常月捐收据

3. 其他方式

南洋各筹赈会还以售卖鲜花、义卖义演、举行球赛等方式发动捐款。1938 年秋天，由音乐家夏之秋率领的武汉合唱团来马来亚作巡回演出，足迹遍及马来亚各州县和一些重要的市镇。1940 年 4 月，该团返回中国。马来亚华侨对于武汉合唱团的募捐演出反响十分热烈。在巡回演出的 480 天里，武汉合唱团一共筹款 2 300 000 元（叻币），按全马人口数 2 114 200 计算，华人平均每人捐款 1.09 元。[①]

① 《华侨先锋》1940 年第 21 期，第 23 页。

图 2－3　南洋华侨欢迎武汉合唱团义演筹赈

（二）抵制日货

为支持中国抗日，削弱日本的经济力量，南洋华侨发起了抵制日货的运动。这一运动配合祖国抗战，取得了显著的成效。就南洋华侨而言，其人数众多，控制该区域的零售，具有较强的经济实力，故可以有效地保证抵制日货运动的成功。

华侨主要通过以下方式抵制日货：拒绝购买日本的工业产品和食品、禁止华人批发或零售日货、撤出日本矿务公司的华侨劳工、禁止给日本人提供任何方式的服务等。[①] 马来亚柔佛筹赈会召开侨胞大会，通过限期肃清日货的决议，要求凡经营日货的侨商自动实行日货登记，全埠在 4 个月内肃清日货。菲律宾怡朗华侨抗敌后援会从 1937 年 7 月起就开展抵制日货运动。1938 年初，菲律宾华侨援助抗敌委员会抵制日货委员会和中华商会合作，召开各华侨厂家、商店联席会议，决定共同抵制日货，并商定出具体办法。

① 《南洋商报》，1938 年 1 月 14 日，第 4 版；1938 年 3 月 6 日，第 5 版。

表 2-1 “七七”事变后日对菲贸易情况①

输出	1937 年	6 034.8 万元	1938 年比 1937 年减少 46%，为 2 774.9 万元
	1938 年	3 259.9 万元	
输入	1937 年	4 519.4 万元	1938 年比 1937 年减少 21%，为 956.4 万元
	1938 年	3 563.0 万元	

除了在商业领域抵制日本之外，马来亚华侨还拒绝为日本矿石工厂工作。“二战”前，日本苦心经营多年，将马来亚变为日本主要战略物资的重要供应地之一。中日战争全面爆发后，日本严重依赖从南洋进口铁矿石等矿产资源。② 为支援中国抗战，马来亚龙运铁矿和柔佛峇株巴辖铁矿的华侨矿工首先罢工。受华工罢工影响，一些马来工人、印度工人也纷纷罢工，使矿山处于瘫痪状态。

综上所述，南洋华侨对中国抗日给予了强有力的支援。正如日本学者菊池一隆所说，要分析中国最后取得胜利的原因，华侨的这种态度和行动是不可忽视的，华侨在全世界织成了一张对日抵抗的包围网，其中，南洋华侨对日抵抗最激烈，直接打击了日本经济。③

（三）自发组织机工回国

南洋华侨在捐款、提供物资援助的同时，也向国民政府提出组织华侨回国服务的请求。尽管这一请求被国民政府婉言拒绝，一些南洋华侨社团已经组织的机工队仍自发返国服务。“南洋同侨，一般有专门技术热血青年，纷纷组织队伍返国服务，如菲律宾司机队、缅甸技术队、荷兰救护队、雪兰莪精武队、槟城救护队，及最近组织之槟城技艺工程队，风起云涌，比诸民元前推到清之华侨，尤为踊跃。”④ 具有代表性的是柔佛士乃机工服务团、槟城机器行回国服务技艺工程队和柔佛峇株巴辖机工队。

1. 柔佛士乃机工服务团

柔佛士乃机工服务团是由南洋华侨社团组织的较早的机工服务团之一。1938 年 9 月 10 日，柔佛士乃华侨青年“鉴于祖国受害深入，抗战加剧，运输辎重之司机人才，当必极其需要，发起组织回国服务团”。9 月 18 日，在士乃筹赈会的

① 吴泽主编：《华侨史研究论集（一）》，上海：华东师范大学出版社 1984 年版，第 257 页。

② 许秀聪：《星马华族对日本的制裁》，柯木林编：《新加坡华族史论集》，新加坡：新加坡南洋大学毕业生协会 1972 年版，第 133～158 页。

③ ［日］菊池一隆著，袁广泉译：《中国抗日军事史》，北京：社会科学文献出版社 2011 年版，第 248～250 页。

④ 《怡保青年组织机工队》，《总汇新报》，1939 年 1 月 24 日，第 3 版。

支持下，经过充分准备，第一批士乃机工服务团正式成立。1938 年 9 月 26 日，该团 12 名机工在彭世馨的带领下，前往新加坡搭乘"丰平轮"回国。该团抵达中国后，初期服务于粤北地区，后又在冀鲁察绥各省做流动运输工作。①

1938 年 12 月 8 日，柔佛士乃筹赈会遴选 15 名技术优良的华侨青年组成第二批机工回国服务团。1939 年 2 月 11 日，该批机工抵达星洲；2 月 13 日，该团乘"丰庆轮"抵达香港后被安排到重庆服务。②

2. 槟城机器行回国服务技艺工程队

槟城机器行司机、修理工等技术人才众多。1938 年 10 月 30 日，槟城机器行执行委员会在槟城机器行召开会员大会，决定组建"槟城机器行回国服务技艺工程队"（简称"机艺队"）返回中国服务。

为招募驾驶技术精湛和忠于中国国民政府的机工人才，槟城招募机工委员会制定了《槟城机器行组织回国服务机工队章程》（以下简称《章程》）、《队员守则十七条》（以下简称《守则》）。《章程》阐述了机艺队的宗旨、对参加人员的要求、回国训练规定，特别是规定了遵守本地法律的内容和参加人员需商号保证等。《守则》包括机工与上级长官的关系、个人及人际生活规范、着装要求、待人接物要求、工作训练要求及违反章程的处罚等内容。

图 2－4　槟城机器行欢送回中国服务的"槟城机器行回国服务技艺工程队"

① 《活跃在西北的机工服务团》，《华侨先锋》1938 年第 5 卷。

② 《士乃司机服务团昨已经星附轮踏上征程》，《总汇新报》，1939 年 2 月 14 日，第 3 版。

1939 年 2 月 13 日，槟城机器行征募委员会在机器行召开欢送大会，为机艺队举行授旗典礼。2 月 20 日下午 5 点，在队长梁煜棠率领下，机艺队一行 32 人乘“吉礁号”抵达新加坡。3 月 7 日，该队在新加坡乘“安徽号”赴香港；3 月 12 日，该队抵达香港后，因国内相关部门没有明确告知服务地点，暂时住在香港华人机器公会等候。① 由于此时南侨总会已向西南运输处选送了第一批机工，因此，槟城机器行委托香港华人机器行致函宋子良，请求到西南运输处服务。② 宋子良应允。1939 年 3 月 26 日，该队乘法国邮轮“利奥士号”到越南海防，后换乘火车到昆明。4 月 7 日，历经 5 个多月的筹备和努力，机艺队终于抵达昆明西南运输处。③

3. 柔佛峇株巴辖机工队

峇株巴辖为柔佛一小县。1938 年 9 月 12 日，峇株巴辖机器同业公会“痛国事凋零，凛匹夫有责之义，特发起组织机械回国服务队”，“志在发动机械人才献本身之技能回国效命，以尽国民天职”。④ 9 月 19 日，峇株巴辖资助机工回国服务团正式成立，经过严格考核，该团共遴选出 48 名华侨青年。⑤

在当地华商资助下，资助委员会聘请人员对该团成员的技术、政治意识等进行全面培训，还制定了《柔佛峇株巴辖机工服务团简章》（以下简称《简章》）。《简章》阐述了机工团的宗旨、对参加机工的要求、返国时的组织机构等，为回国服务团顺利返回中国服务提供了保障，也为南侨总会制定机工招募回国制度提供了参考和借鉴。

1938 年 11 月 10 日，柔佛峇株巴辖资助委员会致函新加坡中国领事馆总领事高凌百，请求其介绍到中国服务，但高凌百告知华侨“继续就地努力发展原有业务，竭力以物资贡献国家”，拒绝其返国请求。1938 年 11 月 28 日，峇株机器公

① 《香港华人机器公会给星洲机器行函》，《星洲日报》，1939 年 3 月 13 日。

② 《香港华人机器行致宋子良函：转槟城机器行函请将所遣机工编一队在同一地方服务（1939 年 3 月 22 日）》，云南省档案馆藏，西南运输处档案，档案号：54－10－546。

③ 《宋子良快邮代电：为槟城三十一人事（1939 年 3 月 23 日）》，云南省档案馆藏，西南运输处档案，档案号：54－10－546。

④ 《峇株巴辖益群书报社陈子和呈侨务委员会函（1938 年 11 月 28 日）》，云南省档案馆藏，西南运输处档案，档案号：54－10－546。

⑤ 廖国雄：《机工回国服务团述略及感想》，《南侨机工复员互助会第 12 周年纪念特刊》，新加坡，1959 年，第 40 页。该团根据要求组织 50 人，但因罗瑞明、李火腾两人远居士乃埠，未能及时报到。参见《总汇新报》1939 年 2 月 11 日的相关报道。

会委托益群书报社[1]社长陈子和致函国民政府侨务委员会，询问是否需要司机以及机工返国所需费用、手续等事宜，[2] 但一直没有得到明确回复。1939 年 2 月 7 日，西南运输处开始正式请求南侨总会招募机工返国服务，由峇株巴辖资助委员会迅速为 48 名队员办理回国手续，等待南侨总会的安排。

1939 年 2 月 18 日，由峇株巴辖返国机工队和来自新加坡的华侨青年共同组成、被称为“八十先锋队”的第一批南侨机工返国服务团由新加坡乘船出发，踏上返国的征程。

二、明令禁行　竭力破藩

（一）禁止国民党的政治活动

1928 年，南京国民政府决定在新加坡成立南洋英属总支部，以统辖所有支（分）部的活动。1929 年 1 月，总支部在新加坡召开第一次会议，出席会议的全马支（分）部代表约有 80 人，有 42 个议案被提出讨论。

“二战”前，英国殖民政府担心中国政府会通过党内外活动颠覆其殖民政权，推动“排英”或“倒英”的政治运动，对其在当地的殖民统治造成长远的政治威胁，[3] 便采取高压手段禁止中国党派在马来亚的发展和政治活动。尤其是在金文泰任总督期间（1930—1934），在其铁腕政策下，中国党派在当地深受打击，元气大伤。[4]

（二）支持由陈嘉庚领导援助中国抗日的活动

“七七”事变爆发后，南洋华侨社团、工会、学校以及下层华侨呼吁并采取行动支援中国抗日。其中，星洲华社反日情绪尤为高涨。英国殖民政府担心工人、学生的筹赈活动一经蔓延，将对星洲的和平稳定造成一发不可收拾的后

---

① “书报社”这一名称源于孙中山辛亥革命期间。当时设立书报社的目的是在海外进行各种宣传工作，以开启民智，从而实现对当地民众的政治教育。1908 年，峇株巴辖一批热爱祖国的华侨到吉隆坡听讲，后在当地推广革命思想，宣传三民主义。1910 年，当地具有革命倾向的华侨雷绵超、甄宝臣、黄怡全、刘章壁等 16 人发起成立“峇株巴辖益群书报社”。参见《峇株巴辖益群书报社九十年社庆特刊（1910—2000）》。

② 《峇株巴辖益群书报社陈子和呈侨务委员会函（1938 年 11 月 28 日）》，云南省档案馆藏，西南运输处档案，档案号：54 - 10 - 546。

③ 杨进发：《战前星华社会结构与领导层初探》，新加坡：新加坡南洋学会 1977 年版，第 67 页。

④ 崔贵强：《新马华人国家认同的转向 1945—1959（修订卷）》，新加坡：新加坡青年书局 2007 年版，第 31 页。

果。[①] 陈嘉庚因其对新加坡的贡献及社会地位深得英国殖民政府信任，于是，英国官方默许陈嘉庚出面领导援助中国抗日的活动。

1937 年 8 月 15 日，星洲华社在新加坡召开全埠侨民大会，决定推选陈嘉庚组织领导星华筹赈会。在会议召开前夕，华民政务司佐敦告知陈嘉庚："经与总督议定，此会当由你负责，因本坡华日侨民众多，政府甚为关怀，并附带四条件遵守。（一）不得表明筹款购买军火，此乃中立国应守规例。（二）不得提议抵制日货。（三）筹款必须统汇，不得别设机关。（四）汇款交国内何处，由总督制定。"[②] 于是，在英国殖民政府默许下，陈嘉庚能够领导星华筹赈会开展援助中国抗日的活动。此后，南侨总会亦在陈嘉庚的领导下于新加坡成立，并开展援助中国抗日的活动。

英属马来亚殖民政府对华侨支援中国的态度主要体现在其对陈嘉庚的态度上。他们在行动上认可和支持陈嘉庚领导的南侨总会援助中国抗日的活动。第一，英国殖民政府官员对南侨总会表示了支持。如 1939 年 3 月 24 日，华民政务司佐敦曾向南侨总会捐款叻币百元。[③] 第二，参加机工队伍的华侨在中国和英国殖民地之间往返较为方便和自由，1939 年 3 月英国殖民政府基于对陈嘉庚的信任而默许其在英属马来亚征募机工。相比之下，泰国、荷属东印度等地的政权则禁止华侨参加机工队伍。[④] 第三，居住在马来亚的英国普通民众对南侨机工返国给予支持。

英国殖民政府的支持和默许是南侨总会援助中国的活动能够成功开展的重要因素之一。正如一位西方学者对南洋华侨能够援助成功之原因分析所言：马来亚华侨援助中国的成功，部分归功于英国殖民政府的友好和对华侨救国运动的理解，尽管有时英国殖民政府采取严厉措施对华侨活动进行调控，但总体上对华侨爱国运动的态度是真正的同情和容忍，这一点可以体现在允许来自东南亚各地的华侨领袖在新加坡成立南侨总会上。这些容忍政策使得华侨能够全力地开展爱国运动。[⑤]

---

① 杨进发著，李发沉译：《陈嘉庚——华侨传奇人物》，新加坡：八方文化企业公司 1990 年版，第 227 页。

② 杨进发：《陈嘉庚与三十年代民族主义运动的领导层》，《战前星华社会结构与领导层初探》，新加坡：新加坡南洋学会 1977 年版。

③ 《华民政务司向南侨总会捐款叻币百元》，《总汇新报》，1939 年 3 月 25 日，第 6 版。

④ 1939 年 3 月 18 日，荷属东印度华侨社团领袖向中国驻荷属领馆致函询问为何不在荷属东印度招募机工，陈嘉庚告知其原因主要是殖民地的政策不同，在英殖民地，华侨参加机工后，其在中国和英国殖民地之间往来自由，而且没有入口费用；相比之下，荷属政府禁止招募机工，而且参加者返回时，入口费用较高。参见《南洋商报》，1939 年 4 月 1 日。

⑤ Stephen Leong, The Malayan Overseas Chinese and Sino-Japanese War, 1937 - 1941, *Journal of Southeast Asian Studies*, 1979, Vol. 10, pp. 293 - 320.

第三章　砥柱巍巍：侨社牵线搭桥

一、南侨总会　应时而立

1938 年 10 月 10 日，来自马来亚、荷属东印度、泰国、菲律宾、北婆罗洲、沙捞越、缅甸和越南等地的 45 个筹赈团体派 168 名代表在新加坡集会，举行南洋华侨筹赈祖国难民总会成立代表大会，推选陈嘉庚为主席，庄西言、李清泉为副主席。

图 3－1　南侨总会主席陈嘉庚，副主席庄西言、李清泉（从左至右）

陈嘉庚（1874—1961），福建同安集美人（现厦门市集美区）。1890 年南渡新加坡，在其父陈杞柏经营的“顺安”号米店学商。他通过领导一系列华侨活动，在南洋华社中具有较高的影响力。1923 年，出任怡和轩俱乐部主席。1925 年前后，成为当时南洋最大的实业家之一。1928 年，领导了山东筹赈会。1929 年，当选福建会馆主席。1936 年，领导“购机寿蒋”活动。陈嘉庚以其在星华社会的地位组织、领导了援助中国抗日的活动。

南侨总会成立的目的主要是协调南洋各地华社与中国政府之间的关系，以便统一行动，支持中国抗战。南侨总会第一次大会的召开得到中国政府的支持，中国各地纷纷发来祝贺的电报、信函。蒋介石贺电如下：

星家坡总领事馆转南洋各属华侨代表大会鉴，自抗战以来，海外侨胞输财助军，利赖至大，比闻复在星洲集会，共筹积极报国之大计，忠诚慷慨，前线将士及国内同胞，闻听风声，益深感奋，现抗战局势，持久克敌，愈有把握，尚望贵会诸君，本爱国毁家之夙忱，做普遍广泛之推进，领导侨胞，多多接济，使捐输工作，益宏表现，财力增厚，即战力增强，最后胜利，为期不远，惟冀共同努力，以加速实现为率。

中正，咸，侍秘，鄂

九月卅日①

根据陈嘉庚提议，南侨总会第一次大会上，各与会代表一致决定成立一个具有21名委员的组织机构，详见表3－1。这充分体现了南侨总会跨越南洋、超越帮派的特征。

表3－1　南侨总会第一次大会组织机构人员表

职务	姓名	方言群	地区
主席	陈嘉庚	福建	新加坡
副主席	李清泉	福建	马尼拉
	庄西言	福建	巴达维亚
财政	林文田	广东	新加坡
查账	曾纪辰	广东	新加坡
常务委员	陈振贤	潮州	新加坡
	李光前	福建	新加坡
	李振殿	福建	新加坡
	侯西反	福建	新加坡
	周献瑞	福建	新加坡
	柯保仁	福建	马六甲
	刘玉水	福建	槟城

① 《蒋委员长训词》，《总汇新报》，1938年10月11日，第2版。

（续上表）

职务	姓名	方言群	地区
常务委员	陈延谦	福建	新加坡
	梁叶南	客家	怡保
	黄重吉	福建	吉隆坡
	李孝武	广东	吉隆坡
	陈占梅	广东	吉隆坡
	黄益堂	广东	芙蓉
	陈肇基	福建	越南
	王泉笙	福建	菲律宾
	陈三多	福建	菲律宾

资料来源：南洋华侨筹赈祖国难民总会大战与南侨编纂委员会编：《大战与南侨：马来亚之部》，新加坡：新南洋出版社1947年版。

图3－2　在南侨总会第一次大会上，陈嘉庚主席号召华侨踊跃捐献，支持祖国抗战

在南侨总会成立之前，“南洋各属侨胞，山海修阻，云天远隔，声气欠沟通，感情失联络，筹赈组织之设立，不特各属筹款机关，可密切联系，而冶于一炉”[①]。大会召开期间，陈嘉庚以领导马来亚“购机寿蒋”活动的经验，强调统一组织筹赈救国活动的必要性。他认为，如果在南洋缺乏统一的组织，那么“全马12区筹赈会籍领导者何人，国内政府亦不必能获悉，政府即不知若干区，及领袖为谁，则劝募公债事宜，亦无从托付，或委托不得其人”[②]。对于筹款援助中国抗日活动，陈嘉庚多次强调，“抵制之事，当守当地法律”，“勿过事激昂”，否则易引起当地政府干涉。[③]

南侨总会的成立起到了以下作用：第一，加强了南洋各地筹赈会侨领之间的联系，为南洋华侨社会统一支持中国抗日奠定了基础。南洋华侨的抗日救国行动“自此更加整齐，工作更有效率，更把全南洋一千多万华侨的救国运动连贯起来”[④]。第二，大会制定了《南侨筹赈总会组织大纲》，为南洋各地华社统一筹款提供了制度保障。南洋各地筹赈会根据南侨总会的安排，将各地援助中国的捐款、购买公债等情况，逐月上报给南侨总会，南侨总会汇总后转交给中国相关部门，并将各地捐赠情况刊登在当地报纸上，以互相激励。

南侨总会成立后，不仅确保了在经济上动员整个南洋华侨社会援助中国抗日，而且其运作方式为中国政府招募机工提供了实践经验和制度化的保障。

二、应政府邀　招募机工

1939年2月7日，西南运输处向陈嘉庚发出在南洋招募司机、修理工等技术人员到中国服务的正式请求。[⑤] 于是，从1939年2月至10月，南侨总会在组织捐款的同时，开始动员南洋华侨社会力量为中国招募司机、修理工等技术人员。有档案显示，南侨总会除了为西南运输处招募司机、修理工等技术人员外，还为后勤部、军政部、财政部等部门招募机工。

根据为中国招募机工部门的不同，可以把南侨总会组织机工返国的进程分为两个阶段：第一阶段从1939年2月7日至1939年5月22日，为第一批至第五批

---

① 《南洋商报》，1938年10月17日。

② 《陈嘉庚训词》，《总汇新报》，1938年10月11日，第2版。

③ 杨进发：《战前的陈嘉庚言论史料与分析》，新加坡：新加坡南洋学会1990年版，第100页。

④ 南洋华侨筹赈祖国难民总会大战与南侨编纂委员会编：《大战与南侨：马来亚之部》，新加坡：新南洋出版社1947年版，第47页。

⑤ 1939年2月7日，南侨总会发布《南洋华侨筹赈祖国难民总会第六号通告（征募汽车修机驶机人员回国服务）》，呼吁华侨青年参加机工队伍。其中记载：“本总会顷接祖国电委征募汽车之修理人员及司机人员回国服务……”由此推知，国民政府要求南侨总会招募机工的时间应为1939年2月7日。参见《报国有道　请缨有路：国内迫切需要司机人才》，《总汇新报》，1939年2月8日，第2版。

返国机工，此五批专门为西南运输处招募；第二阶段从1939年6月30日至1939年9月25日，为第六批至第九批返国机工，此四批除了为西南运输处招募外，还招募包括后勤部、军政部、财政部等部门需要的司机、修理工等技术人员。

（一）为西南运输处招募机工

在发出招募机工的正式请求之前，中国政府已就招募南洋机工事宜与陈嘉庚协商。1939年1月初，行政院致电陈嘉庚，询问能否“代募华侨机工回国服务”事宜。随后，西南运输处主任宋子良被派往新加坡，与陈嘉庚当面商讨招募南洋机工的可行性。[①] 西南运输处在南洋招募机工具有不确定性，招募人数根据需要临时而定。

1. 第一批

南侨总会于1939年2月8日发布《南洋华侨筹赈祖国难民总会第六号通告（征募汽车修机驶机人员回国服务）》，告知各地筹赈会中国请求招募机工事宜。该通告规定了参加机工的资格和要求，如技术、身体素质、年龄、语言文字水平、政治意识以及服务地点等。西南运输处没有对此次招募规定具体人数，陈嘉庚推测“中国抗战需要此种人才甚多”，于是，在本通告中，决定计划招募“修机者按数十人”。

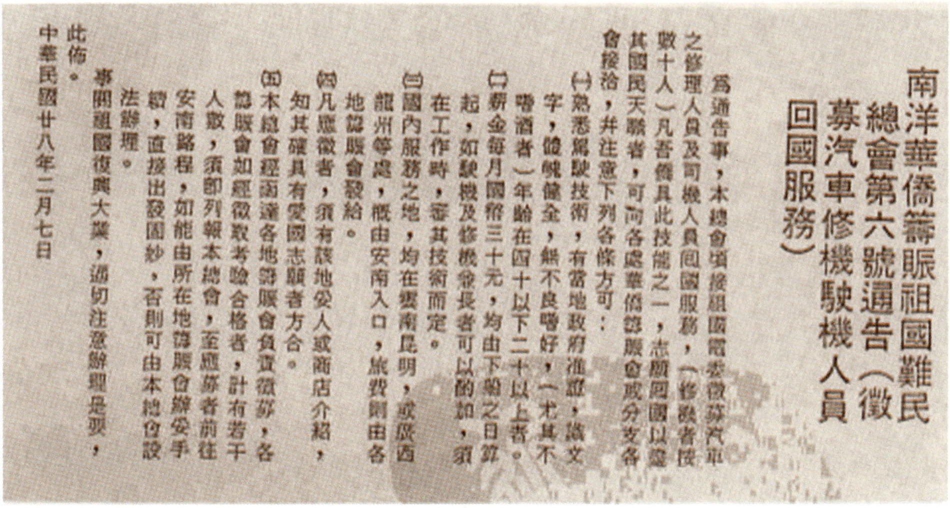
南洋華僑籌賑祖國難民總會第六號通告（徵募汽車修機駛機人員回國服務）

爲通告事，本總會頃接祖國電委徵募汽車之修理人員及司機人員回國服務，（修機者按數十人）凡吾僑具此技能之一，志願回國以盡其國民天職者，可向各處華僑籌賑會或分支各會接洽，并注意下列各條方可：

㈠熟悉駕駛技術，有當地政府准證，識文字，體魄健全，無不良嗜好，（尤其不嗜酒者）年齡在四十以下二十以上者。

㈡薪金每月國幣三十元，均由下船之日算起，如駛機及修機優長者可以酌加，須在工作時，審其技術而定。

㈢國內服務之地，均在雲南昆明，或廣西龍州等處，概由安南入口，旅費則由各地籌賑會發給。

㈣凡應徵者，須有該地殷人或商店介紹，知其確具有愛國志願者方合。

㈤本總會經函達各地籌賑會負責徵募，各籌賑會如經徵取考驗合格者，計有若干人數，須即列報本總會，至應募者前往安南路程，如能由所在地籌賑會辦妥手續，直接出發固妙，否則可由本總會設法辦理。

事關祖國復興大業，涵切注意辦理是要，此佈。

中華民國廿八年二月七日

图3-3　《南洋华侨筹赈祖国难民总会第六号通告（征募汽车修机驶机人员回国服务）》

① 林少川：《陈嘉庚与南侨机工》，北京：中国华侨出版社1994年版，第291页。

南洋华侨筹赈祖国难民总会第六号通告（征募汽车修机驶机人员回国服务）

为通告事，本总会顷接祖国电委征募汽车之修理人员及司机人员回国服务，（修机者按数十人）凡吾侨具此技能之一，志愿回国以尽其国民天职者，可向各处华侨筹赈会或分支各会接洽，并注意下列各条方可：

（一）熟悉驾驶技术，有当地政府准证，识文字，体魄健全，无不良嗜好，（尤其不嗜酒者）年龄在四十以下二十以上者。

（二）薪金每月国币三十元，均由下船之日算起，如驶机及修机兼长者可以酌加，须在工作时，审其技术而定。

（三）国内服务之地，均在云南昆明，或广西龙州等处，概由安南入口，旅费则由各地筹赈会发给。

（四）凡应征者，须有该地妥人或商店介绍，知其确具有爱国志愿者方合。

（五）本总会经函达各地筹赈会负责征募，各筹赈会如经征取考验合格者，计有若干人数，须即列报本总会，至应募者前往安南路程，如能由所在地筹赈会办妥手续，直接出发固妙，否则可由本总会设法办理。

事关祖国复兴大业，逼切注意办理是要，此布。

中华民国廿八年二月七日

图3－4　新加坡华侨夹道欢送机工回祖国服务

招募通告发布后，被称为新加坡“机械业界之枢纽”[①] 的星洲机器行首先响应。在南侨总会派遣的第一批机工中，星洲机器行就有 19 名参加者（新加坡有 32 名参加者）。[②]

社会各界踊跃为回国机工服务。如林盛发、永和安、连和号、马利、新泉星等汽车公司义务为回国机工往返领馆及检验技术准备“啰哩”[③]。伦敦、华光等华侨理发店则免费为回国机工修面。新加坡华文报纸出版欢送专刊，把首批回国机工称为“八十先锋队”。

1939 年 2 月 18 日，南侨总会为第一批 80 名机工出发返国举行了盛大欢送会。陈嘉庚、侯西反等侨领参加。大会首先选出送返国机工组织机构，第一批返国机工队由廖国雄和白清泉分别任正、副队长。陈嘉庚致辞，称华侨机工“具此牺牲精神足为马来亚之模范”[④]，并勉励大家：“你们是代表千万华侨回国服务的，一定要坚持到底。”

下午 3 时，被称为“八十先锋队”的第一批南侨机工服务团乘法轮“安达控文号”由新加坡出发，踏上返国征程。1939 年 3 月 6 日，第一批机工顺利抵达昆明西南运输处。

2. 第二批

1939 年 3 月 10 日，西南运输处新加坡分处处长陈质平[⑤]向陈嘉庚转交宋子良的电文。电文反映出中国抗日对机工人才之急需及对南洋华侨之倚重：

新加坡分处转陈嘉庚先生赐鉴，弟本委座命办理后方物资供应，一年以来稍具规模，值兹战区西移，交通端赖公路，汽车司机需用浩繁，国内罗致者尚不敷用，查英属侨胞逾二百万，驾驶人员愿返祖国效劳者定不乏其人，素仰先生领袖侨胞，关怀祖国，敢请予以协助，除饬星洲分处陈处长质平随时听候外，特电奉恳敬祈赐覆，毋任共□。

弟宋子良滇梗[⑥]

---

① 在殖民地时代，新加坡有两种不同性质的行业组织：一种是工人的组织，称为“行”，又称“西家行”；另一种是老板等的组织，通称“商行”。参见曾玲：《新加坡华人的行业组织与机器行：访机器行前辈何文忠先生》，《新加坡福德祠绿野亭公会 175 周年纪念特刊》，新加坡：新加坡福德祠绿野亭公会 1998 年版，内部出版物，第 104 ~ 106 页。

② 《总汇新报》，1939 年 2 月 28 日。

③ “啰哩”，英语“lorry”的音译，指卡车、货车。

④ 《星马司机回国服务队陈嘉庚对全体队员训话》，《总汇新报》，1939 年 2 月 18 日，第 2 版。

⑤ 陈质平，曾担任西南运输处新加坡分处处长。1940 年初，新加坡分处解散后，转任仰光分处处长。西南运输处西迁昆明后，宋子良常驻香港协调军事运输等，对于在南洋招募机工事宜的协商，宋子良委托陈质平代为处理。陈质平根据其安排以函电方式与陈嘉庚沟通和协调。当返国服务的机工在中国期间遇到问题时，陈嘉庚主要是与陈质平联系，以了解南侨机工的运输和生活状况。

⑥ 《宋子良给陈嘉庚电（1938 年 3 月 10 日）》，云南省档案馆藏，西南运输处档案，档案号：54 - 10 - 546。

陈嘉庚于当日（1939 年 3 月 10 日）致电宋子良，告知宋子良回国服务批数及具体人数，“第二批机工 220 名于 3 月 13 日出发”，并答应宋子良，“余续募，共可一千名”。[①]

图 3 – 5 第二批南侨机工归国服务团部分成员

陈嘉庚最初计划第二批组织 400 名机工返国，[②] 并拟于 1939 年 3 月 13 日从新加坡出发。但由于机工回国费用筹集不足、返国证件办理未妥等，部分已报名参加者未能按时抵达新加坡。

1939 年 3 月 12 日下午 2 点，陈嘉庚召集南侨总会常务委员会及全体机工在怡和轩三楼举行欢送大会。南侨总会曾纪辰、侯西反、王得义、刘牡丹及机器行代表等分别致辞，鼓励返国机工为国服务。[③] 220 名机工主要来自星洲、太平、麻坡、马六甲、彭亨、新山等地。1939 年 3 月 13 日，第二批南侨机工服务团由新加坡乘船出发。

3. 第三批

第三批计划招募机工 220 名。在招募过程中，由于当时南洋（主要是马来亚）各地筹赈会华侨“踊跃投效”，华侨青年要求参加机工的人数激增，致使在短时间内各地应募人数达“600 名之多”。于是，1939 年 3 月 10 日，南侨总会向各筹赈会发布函告，“第三批已募足数，请自行停止招募”，并告知各地筹赈分会“兹未接总会许可，万勿随意而来，一待前方有消息，当再转告”。[④]

---

① 《陈嘉庚告第二、第三批华侨机工日期启程电（1939 年 3 月 10 日）》，云南省档案馆藏，西南运输处档案，档案号：54 – 10 – 547。

② 《南侨筹赈总会第二期续募驶修机四百名》，《总汇新报》，1939 年 3 月 7 日，第 2 版。

③ 《为国效力去二百余机工踏上征途》，《总汇新报》，1939 年 3 月 13 日，第 4 版。

④ 《南侨总会致各地筹赈会函（1939 年 3 月 10 日）》，《槟城日报》，1939 年 3 月 24 日，第 4 版。

1939年3月26日下午2点，南侨总会借养正学校大礼堂举行欢送机工返国大会。参加会议者有陈嘉庚、曾纪辰、侯西反、李铁民、周献瑞、陈开国、刘牡丹等以及全体机工597人，共600余人。陈嘉庚称“司机回国服务，是海外华侨以人力赞助国家，为第一次之表现”，要求机工遵守中国法律，维护华侨声誉。[①]随后致辞者有曾纪辰、太平领队黄名誉、侯西反、周献瑞以及总队长刘贝锦。

3月27日，第三批返国机工队596人乘“丰平轮”出发。[②]该批返国的怡保机工记载了回国的路线：1939年3月27日出发后，先后抵达越南西贡，后继乘火车达河内；4月3日抵达中国河口，在车站歇宿一日；4日晨，由河口赴启元；5日凌晨乃抵达昆明。[③]

1939年3月24日，陈嘉庚致电宋子良，询问是否继续派遣第四批机工，3月25日，西南运输处告知“招募机工暂缓，等候需要时告知”。[④]于是，南侨总会宣布暂停招募机工。

4. 第四批

1939年3月28日，因西南运输处仰光分处急需司机运输军事物资及组装新车，宋子良再次致电陈嘉庚，请求南侨总会招募第四批机工，其中机工300名，修机工100名，电工30名。[⑤]南侨总会迅速发动和安排，委托槟城筹赈分会组织机工从仰光入滇。截至1939年5月22日，据南侨总会统计，南侨筹赈总会共招募机工5批，计马来亚1 881名，荷属东印度27名，沙捞越13名，共1 921名。[⑥]

南侨总会遣送的第四批机工分为两条路线：一是经槟城—仰光进入中国昆明；二是经新加坡—海防进入中国昆明。

1939年4月8日，新加坡、霹雳、雪兰莪、吉打各地筹赈会组织的派遣机工队按时抵达槟城。根据南侨总会《回国机工之仰光组织办法》，4月9日，来自星洲、雪兰莪、霹雳、吉打、槟城共5位机工队长在槟城春满园酒家举行联席会议，组建赴仰光机工队组织机构。会议推举来自星洲的黄锦坤为总领队，吉打的李卫民为副领队，槟城的苏泽时为文书，雪兰莪的何运荣为宣传，霹雳的张华为

---

① 《陈嘉庚为第三批机工欢送词》，《总汇新报》，1939年3月27日。

② 《陈嘉庚致宋子良函（1939年3月27日）》，云南省档案馆藏，西南运输处档案，档案号：54－10－546。

③ 《怡保机工致怡保筹赈会函》，《总汇新报》，1939年5月2日，第3版。

④ 《陈嘉庚致宋子良电（1939年3月25日）》，云南省档案馆藏，西南运输处档案，档案号：54－10－548。

⑤ 《西南运输处宋子良请再添招机工电（1939年3月21日）》，云南省档案馆藏，西南运输处档案，档案号：54－10－537。

⑥ 《南洋华侨筹赈祖国难民总会第十八号通告》，《总汇新报》，1939年6月9日。

交际。[1] 该批机工原定于1939年4月10日乘“丰平轮”经仰入滇，但由于该轮直到4月11日早晨5点才抵达槟城，因此，该返国机工队于1939年4月11日下午2点才启程赴仰，并于1939年4月12日到达缅甸仰光。

机工抵达仰光后，因当时“腊戍、仰光两地两装车厂亟待开设，须工殷急”，陈质平征得西南运输处同意后，“150名机工留缅甸工作”。[2] 其余机工驾驶新车到腊戍后，在中国军队护送下沿滇缅公路赴昆明。赴昆明的机工于1939年5月12日由腊戍分批出发，途经遮放、芒市、龙陵、澜沧江、保山、永平、下关、楚雄，于1939年5月23日抵达昆明。[3]

由新加坡经越南入滇之南侨机工163人于1939年4月8日在新加坡汇集。在检验技术和检查身体时，4名机工被淘汰，因此，该批返国合格机工人数为159。4月9日下午，南侨总会在同济医院召开欢送机工返国大会。在此次大会上，陈嘉庚宣布暂时停止招募机工。4月10日，第四批机工队启程。该批机工抵达昆明进入西南运输处运输人员训练所后，“除5名点编未到场，迄今不见来所，实到153名”[4]。

宋子良认为西南运输处已经足额，不再需要机工，宣布停止在南洋招募机工。[5]

5. 第五批

1939年4月18日，宋子良致电陈嘉庚，再次请求陈嘉庚继续招募500名机工。陈嘉庚于4月20日复电宋子良，“四星期内两批前往中国，修机是否兼征若干?”[6] 在回复宋子良电文的同时，南侨总会致函各地筹赈会，告知已报名参加机工人数、出发时间以及机工返国路线，并发布《南侨筹赈总会通告（第十四号）》[7] 告知华侨社会。

报名参加第五批返国机工队者甚为踊跃。4月28日，因报名人数过多以及为了节省费用等，南侨总会将原计划输送两批改为输送一批，规定各地集结和出发星洲时间以及返国路线等具体事宜。马来亚各地机工队抵达新加坡时间如下表所示：

---

① 《各地机工在“丰祥轮”开联席会议组马华机工总队》，《槟城日报》，1939年4月10日，第6版。

② 《仰光分处关于第四批机工留用及除了回滇旅费呈致总处电（1939年4月14日）》，云南省档案馆藏，西南运输处档案，档案号：54－6－335。

③ 《槟城机工队队长致槟城筹赈会函》，《总汇新报》，1939年6月26日，第3版。

④ 《运输人员训练所送第四批华侨编队情形及花名册呈（1939年5月6日）》，云南省档案馆藏，西南运输处档案，档案号：54－22－134。

⑤ 《西南运输处停止机工招募》，《总汇新报》，1939年6月7日，第3版。

⑥ 《陈嘉庚致宋子良电》，《总汇新报》，1939年4月21日，第1版。

⑦ 《南洋华侨筹赈祖国难民总会第十四号通告》，《槟城日报》，1939年4月25日，第4版。

表 3-2　各地筹赈会机工队抵达（出发）星洲时间

所属地区	抵达（出发）星洲时间
巴生筹赈分会	5 月 18 日乘船抵达
安顺筹赈分会	5 月 15 日乘船抵达
雪兰莪筹赈分会	5 月 17 日出发
吉打、霹雳、槟城	5 月 19 日乘车抵达
新山筹赈会（47 人）	5 月 16 日抵达

资料来源：笔者根据 1939 年 5 月 20 日《总汇新报》上的相关报道整理。

5 月 21 日，第五批参加者 535 人全部抵达星洲。南侨总会在同济医院以投票方式选举第五批机工组织机构。因人数较多，为便于回国途中的组织和管理，南侨总会除了成立第五批机工队的组织机构之外，还在总队之下设立了 11 个小分队。当日晚上 7 点，南侨总会在同济医院举行宣誓典礼。5 月 22 日，第五批返国服务机工一行 535 人出发返国，① 5 月 30 日顺利抵达昆明。②

6. 其余批

关于国民政府招募机工的具体人数，据档案记载，西南运输处对南侨总会招募机工的总人数并非一次性要求招募三千人，而是根据中日战争的进程及军事物资运输对人才的需要随时作出调整。

1939 年 6 月至 1939 年 9 月为招募机工的第二阶段。此一时期，不仅为西南运输处招募机工，而且为后勤部、军政部等部门招募机工。

1939 年 6 月 6 日，宋子良与副主任龚学遂抵达新加坡。③ 6 月 7 日，二人会见陈嘉庚，委托陈嘉庚继续招募机工，“总会继续招募驶车员 500 名，以应所需，而利抗战”④。南侨总会共派出四批返国机工，即第六至九批。

6 月 18 日下午，在总领队叶子英率领下，第六批返国机工队在新加坡乘“丰平轮”经越南赴昆明。⑤ 据档案记载，该批机工于 1939 年 6 月 28 日抵达昆明西南运输处运输人员训练所，实到人数为 116，该批返国人员主要是为后勤部

① 《第五批机工返国服务团昨举行宣誓今日首途》，《总汇新报》，1939 年 5 月 22 日，第 5 版。

② 《运输人员训练所报第五批返国华侨机工编队情形呈（1939 年 6 月 12 日）》，云南省档案馆藏，西南运输处档案，档案号：54-10-246。

③ 《宋子良抵达星洲》，《总汇新报》，1939 年 6 月 7 日，第 3 版。

④ 《南洋华侨筹赈祖国难民总会第十八号通告》，《总汇新报》，1939 年 6 月 9 日。

⑤ 《第六批机工回国服务团今乘“丰平轮”回国》，《总汇新报》，1939 年 6 月 18 日，第 3 版。

招募。[1]

6月20日，一些地区筹赈会组织的机工队抵达星洲后，南侨总会组织第七批南侨机工服务团。该团返国人数为117，其中一部分为后方勤务部招募，另一部分为西南运输处招募。

6月21日，第七批返国机工队由总领队廖萍率领，乘“丰平轮”经越南赴昆明，7月11日，该队抵达昆明西南运输处运输人员训练所接受训练。

7月17日，第八批返国机工服务团乘“丰祥轮”出发，经越南入云南。该批机工出发后，陈嘉庚当日即致函告知宋子良，请求予以接待。[2]

8月14日，第九批返国机工服务团由新加坡出发搭乘“丰平轮”经越南入云南。8月23日，该批机工顺利抵达昆明，被安排到西南运输处运输人员训练所接受训练。[3]

8月11日，南侨总会致函各地筹赈会，宣布停止招募机工：“若无在接前途来函征募，则从此停止，贵处如有在训练中者，务希训练合格后，令其暂辞职业，俾免赋闲，待后前途告需。”[4] 9月21日，西南运输处告知陈嘉庚，“现在各修车厂及运输车队机工均已满额，目前暂不需要补正，应请停止征募”[5]。至此，中国对南侨机工的征募正式结束。

（二）为国民政府其他机关招募机工

鉴于南洋华侨社会“热诚赴义之人尚多”，南侨总会除了为国民政府西南运输处招募机工外，还为后勤部、军政部、财政部等机构招募机工。

1. 为后勤部招募机工

国民政府后勤部首先委托西南运输处向陈嘉庚请求招募机工。1939年4月3日，后勤部部长俞飞鹏曾致电宋子良，询问“陈嘉庚是否代募一部分汽车司机”及机工待遇情况。[6] 4月15日，西南运输处人员向宋子良请示后，告知后勤部，招募机工薪金“国币36元”，但未答应为其招募机工。

---

① 《新加坡分处处长陈清文关于第六批机工回国呈（1939年6月19日）》，云南省档案馆藏，西南运输处档案，档案号：54－2－28。

② 《陈嘉庚请接待第八批华侨机工回国服务函（1939年7月17日）》，云南省档案馆藏，西南运输处档案，档案号：54－6－335。函件中记载，陈嘉庚告知西南运输处第八批返国机工人数为340。

③ 《运输人员训练所报第九批返国机工入所情形（1939年8月14日）》，云南省档案馆藏，西南运输处档案，档案号：54－2－23。

④ 《南侨总会告知各地停止招募返国机工》，《总汇新报》，1939年8月12日，第3版。

⑤ 《西南运输处复陈嘉庚函（1939年9月23日）》，云南省档案馆藏，西南运输处档案，档案号：54－10－546。

⑥ 《贵阳俞飞鹏致西南运输总处电（1939年4月28日）》，云南省档案馆藏，西南运输处档案，档案号：54－10－541。

同年4月28日，俞飞鹏再次致电宋子良，“现拟招募归国华侨司机两百名，可否由兄代为办理？”[①] 由于此时西南运输处已经暂时停止招募机工，并且陈嘉庚已致函国民政府行政院，表达了愿意为其他部门招募机工的意愿。于是，5月18日，新加坡分处处长陈质平致函陈嘉庚请求代为招募机工：

嘉庚先生道席，奉鄙总处宋主任东越代电，关准后方勤务部俞部长飞鹏电转奉委座感侍参代代电拟请陈嘉庚先生代为招募华侨汽车司机二百名，希转商代办，至该部司机待遇与本部略同等因，查后方勤务部担任战区械弹药给养补充运送事宜。任务至为重要，所请代募时间二百名务祈惠赐代办，以俾战局，至该项司机募足以后送何处集中，原电并未示明，已电请查示，一俟奉复当场转报，特函奉达，敬烦查照办理并见复为感。

敬颂近祺。

弟陈　拜启[②]

经新加坡分处处长陈清文（1939年5月底，陈质平调至仰光分处担任处长）和陈嘉庚多次协商，陈嘉庚同意代其招募机工。6月5日，俞飞鹏得知陈嘉庚同意为后勤部招募机工后，致函西南运输处，请求增加名额：“除前托招收司机二百名外，请转恳陈嘉庚先生代为招募修理工四十名，电工十名。”[③] 即要求南侨总会一共招募机工250名。

南侨总会招募到233名机工，他们分别被编入南侨机工服务团第六、七批队伍，经新加坡—越南抵达昆明。在233名机工中，“陈振华业于1939年7月22日病殁，梁安柏、林炳均、钟金华、黄一江、林亚九、王祝全因患病未能随团出发，计实送至贵阳机工226人”。

因没有训练场地，后勤部委托西南运输处运输人员训练所代为训练。经短期训练后，1939年7月27日，西南运输处派遣10辆卡车，226名司机在队长、南侨机工杨碧湘的带领下，被送到贵阳。[④] 而在被送至贵阳的226人中，8月28日，

① 《贵阳俞飞鹏致西南运输总处电（1939年4月28日）》，云南省档案馆藏，西南运输处档案，档案号：54－10－541。

② 《陈质平致陈嘉庚函请为后勤部代募机工（1939年5月18日）》，云南省档案馆藏，西南运输处档案，档案号：54－6－335。

③ 《贵阳俞飞鹏给西南运输处托陈嘉庚代招修理工、电工电（1939年6月14日）》，云南省档案馆藏，西南运输处档案，档案号：54－10－541。

④ 《贵阳俞飞鹏致西南运输总处电（1939年7月27日）》，云南省档案馆藏，西南运输处档案，档案号：54－10－541。

因水土不服，南侨机工“谢金咏、颜庚郎二人，非药石所能治疗之夺疾”①。

2. 为军政部招募机工

1939年6月27日，军政部部长何应钦致电宋子良，请求为军政部交通机械修造厂招募修车技术人员，服务地点主要是军政部交通机械修造厂（重庆）。②宋子良致电陈嘉庚，告知军政部招募华侨技术人员的要求及条件。其对招募人员的具体要求如表3－3：

表3－3　军政部交通机械修造厂各类技术工人录用条件简表

技术类别	人数	录用条件
修理工	40	在设备较为完善之修理厂担任机工三年以上者
钣金工	8	在设备较为完善之修理厂担任钣金工三年以上者
电工	7	在专门修理汽车电气工厂担任二年以上者
电杆工	4	在设备较为完善之修理厂或专门电焊厂三年以上者
补胎工	4	担任补胎工二年以上者
喷漆工	4	曾在专门喷车厂二年
銑工	4	曾在装修制汽厂三年以上
车工	2	有二年以上技术经验
翻砂工	4	曾在铸造厂担任浇铸与翻砂工二年以上者
淬火工	2	曾在钢铁洋商淬火间二年以上者
模型工	2	曾在制造工厂任模型工二年以上者
	计81	

资料来源：《军政部致西南运输处电（1939年6月27日）》，云南省档案馆藏，西南运输处档案，档案号：54－10－541。

从上表可以看出，军政部招募的机工几乎涵盖汽车修理所需的各种技术人员，具体包括修理工、钣金工、电工等。其录用的条件也极为苛刻，例如，要求参加者的工作经验在二年以上，并且须有“设备较为完善之修理厂”或“专门电焊厂”等实践经验。除此之外，军政部还要求招募的机工须“持有各经服务厂商所发给服务或离厂证明书或证明”。为便于管理来自南洋的技术人员，军政

① 《运输人员训练所给总处报告送筑情形（1939年8月28日）》，云南省档案馆藏，西南运输处档案，档案号：54－10－541。

② 《军政部致西南运输处电（1939年6月27日）》，云南省档案馆藏，西南运输处档案，档案号：54－10－541。

部还给出“侨居南洋一带技工多为闽粤籍，惟言语上恐发生困难，如粗通文字或国语者、英语者更佳”的要求。

经过严格的考核，南侨总会为军政部遴选出技术人员 66 名。1939 年 8 月 14 日，该批人员被编入第九批南侨机工服务团，在新加坡乘“丰庆轮”经越南返国，于 8 月 23 日到达昆明。[①] 此批 66 人抵达昆明后，首先进入西南运输处运输人员训练所接受 2 个月的训练，但没有被及时派往重庆服务。1939 年 11 月 3 日，队长翁辉春致函陈嘉庚，要求“赴重庆服务，以遂回国服务之志”，在陈嘉庚的过问下，该批机工被派往前线从事运输服务工作。[②]

3. 为财政部招募机工

财政部向陈嘉庚请求招募机工，主要是为其下属公司——复兴公司[③]服务。复兴公司的职责是运输中国换取外汇的出口商品，主要往来于昆明、仰光、腊戍之间。1939 年 6 月，“因驻缅运输工程处需要司机、机匠”，复兴公司直接委托陈嘉庚“代为招募司机三百六十名、机匠四十名，共四百名”。[④]

由于复兴公司对所需机工的要求较高，要求抵达仰光后立即参加运输工作，因此，南侨总会派遣的机工技术水平较高，“皆为多年经验之工手”。1939 年 9 月，据西南运输处运输人员训练所统计，为复兴公司招募的机工实际人数约为 350。[⑤]

三、动员组织　各会响应

南侨总会在怡和轩俱乐部成立南洋机工招募办事处，将怡和轩作为招募机工的办公地点；在新加坡同济医院成立招募机工办事分处，主要负责各地机工来新加坡后的体检、培训以及提供食宿等具体工作。由于招募机工是由各地筹赈分会具体执行和操作的，因此，在陈嘉庚等的领导下，南侨总会首先要做好动员组织工作。

---

① 《运输人员训练所报第九批返国机工人员情形呈（1939 年 8 月 24 日）》，云南省档案馆藏，西南运输处档案，档案号：54－10－223。

② 《陈嘉庚致宋子良函》，《民国档案》1999 年第 2 期，第 49 页。

③ 该公司成立于 1938 年 12 月。

④ 《财政部贸易委员会复西南运输处函（1939 年 6 月 4 日）》，云南省档案馆藏，西南运输处档案，档案号：54－10－541。

⑤ 《运输人员训练所致总处函（1939 年 9 月 15 日）》，云南省档案馆藏，西南运输处档案，档案号：54－10－28。

（一）动员的方式和内容

1. 发布通告

据笔者统计，为招募国民政府各部门所需要的技术人才，南侨总会共发布了第六、七、八、十四、十六号通告，并将这些通告刊登在发行数量较多的华文报纸，如《南洋商报》《总汇新报》《槟城日报》等上。通告首先告知参加者的资格及条件，其次要求各地侨领侨胞注意办理，最后告知南洋华侨青年参加方式和途径，即参加者须和各属华侨筹赈会或分支各会接洽。

以太平筹赈分会为例。太平位于马来亚北部霹雳区，华侨有 6 万余人，“汽车出租者，达二百辆，私家者倍之，载货汽车达一百五十辆”。根据南侨总会的安排，太平筹赈分会派人广贴征募通告，在三天时间内应征者达 25 名之多。

2. 以信函告知

南侨总会还以信函方式告知各地筹赈会招募机工的相关事宜。为便于说明，兹将南侨总会给麻坡分会的信函抄录如下：

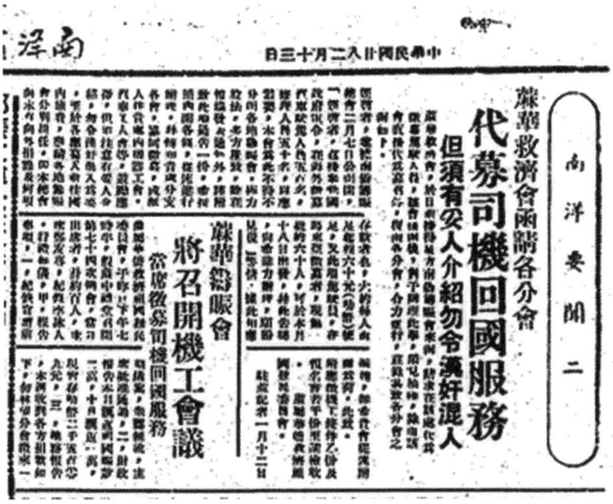
南洋
中華民國廿八二月十三日
南洋要聞 二
麻坡救濟會函請各分會
代募司機回國服務
但須有妥人介紹勿令漢奸混入
麻坡籌賑會
將召開機工會議

图 3－6　《南洋商报》1939 年 2 月 13 日报道

迳启者，兹奉我国政府电令，在海外征募汽车驾驶人员五百名，修理人员五十名，以应需要，本会为此，不得不分函各地筹赈会，极力设法，多方罗致，除在报端发表通知外，谨附此通告一份，希按照内罗列各条，从速进行办理，并转知贵会八支分会，协同征募，或派人往贵处内机器公会。汽车工人等，鼓励应征，但须注意有妥人介绍，勿令汉奸混入为要，至于各处应募人前往国内旅费，应请各地筹赈会分别担任，因本总会向来未有对我捐助及何项存款在也，大约每人由星启程60元（叻币）便是，又此项汽车夫在马来亚征募者，现第一批约60人，可于本月18日出发，并此告闻，尚希鼎力办理，顺盼见复。①

该封信函告知：第一，麻坡分会需要招募的机工人数；第二，建议机工招募办法，如动员下属分会，派人到机器公会动员等；第三，告知机工返国费的募款办法。

3. 集会呼吁

陈嘉庚以南侨总会主席的身份，在集会上呼吁华侨青年参加机工招募为国效力。他说："（马来亚）闽粤两省侨胞，对此项技术经验，已早在国内声誉噪驰，故函电频来，催促劝募，深望趁此良机，更以显出侨胞出力之令誉，则出钱出力，双力并进，侨胞之光荣，亦国家之光荣。"②

他呼吁"凡侨众应宜全力赴之"③，强调滇缅公路急需机工技术人才的紧迫性，"关系国家需要，国际运输以西南最为重要，滇缅滇越两路，此期抗战，如人身之血脉，生死胜负所关匪轻，机工人才即血脉之输送者，其重要何如不难想见"；还动员华侨青年"有力出力"，支援祖国抗战，"值在抗战紧要关头，为国民者有钱出钱，有力可以投效，则竭诚奉献，以抢救祖国之危亡"。④

在第五次机工回国欢送会上，因有的筹赈分会以"不符合筹赈总会章程"而拒绝处理招募机工事宜，陈嘉庚呼吁他们顾全大局，以尽国民天职：

本总会自通告发表后，全马各区筹赈当局与机工人员，大都热烈接受，以此为报国良机，投袂而起，争先恐后，然其间亦有借此推诿，犹疑不决，转待中央命令者，人之识见，不能尽同，本主席仍希望其深识大体，不能忘却救国之机会，总会赋予之使命，内有相当技术，足以代表八百万华侨出力之任务，不特诸君即报此志愿，深望特以恒心，最大努力，化私为公，力引古圣昔贤之忠孝大义，精诚团结，时时以任务救国为前提，他日抗战胜利之后，为以实际纯粹参加抗战斗士，诸君勉之。⑤

① 《南侨总会致麻坡分会函》，《总汇新报》，1939年2月15日，第3版。
② 《南洋华侨筹赈祖国难民总会第八号通告》，《总汇新报》，1939年4月29日，第3版。
③ 《南洋华侨筹赈祖国难民总会第八号通告》，《总汇新报》，1939年4月29日，第3版。
④ 《南洋华侨筹赈祖国难民总会第七号通告》，《槟城日报》，1939年3月4日，第3版。
⑤ 《陈嘉庚为第五批机工致辞》，《总汇新报》，1939年5月19日。

（二）组织安排

1. 制定招募制度

根据西南运输处等部门的要求，南侨总会针对招募创立了一系列规章制度，如《司机回国服务之组织法及手续》《回国机工到仰光之办法》《南侨机工服务公约》《登记表及介绍证明书》，对参加遴选的机工在资格、技术、语言、年龄、爱国意识、返国费用的安排、回国手续的办理、回国路线以及各地名额的分配等方面作了具体明确的规定。这不仅使机工招募的具体执行机关——各地筹赈分会有章可循，而且使得各地所招募人才符合中国各部门的要求。

（1）技术方面。初期招募机工时，南侨总会统一规定各地招募、遴选机工，必须选“熟悉驾驶技术，有当地政府准证”① 的人。同时，各地遴选出的机工在新加坡集中时，“须往本总会考验技术合格者，方能接受”②。

在第五批机工被派送至昆明后，南侨总会继续为中国招募机工，③ 但此时各地筹赈会在招募机工方面面临困难。南侨机工在中国的状况，如患病得不到及时救治、薪水较低和物价上涨等，传入南洋后对南侨总会继续招募机工产生一定的负面影响。“总会发出十六、十七号通告，而报名者仍属寥寥，……能否于短期内募足，则尚未可知，然前途似非容易。”④

为确保国民政府的需求，南侨总会调整招募机工的技术条件，允许没有驾驶证书的华侨青年参加机工队伍，但必须经过两周的集中短期训练后才能批准。同时，为应对国民政府对机工技术人才的需要，南侨总会告知各地筹赈会提前训练和储备人才，“以应国家所用”。

（2）语言、年龄方面。南侨总会特别强调机工须“初懂中国文字”，规定因沟通不便及手续办理烦琐等，“驾修机工如为外籍人切勿资送”⑤。后由于服务部门和工作性质的不同，又要求所招募机工须掌握英语。⑥

对于参加机工人员的年龄，南侨总会规定在 20 ~ 40 岁。此外，还规定参加机工者“无不良嗜好（尤其不嗜酒者）”。

---

① 《南洋华侨筹赈祖国难民总会第六号通告》，《总汇新报》，1939 年 2 月 7 日。

② 《南洋华侨筹赈祖国难民总会第十八号通告》，《总汇新报》，1939 年 6 月 9 日。

③ 因仰光存有大量战略物资，1939 年 5 月 4 日，宋子良从越南海防乘船抵达新加坡。在与陈嘉庚面谈时，宋子良请求南侨总会为西南运输处增加招募机工 500 名、后勤部委托招募 270 名。参见《总汇新报》1939 年 6 月 9 日的相关报道。

④ 《陈嘉庚致陈质平电（1939 年 6 月 26 日）》，云南省档案馆藏，西南运输处档案，档案号：54－6－335。

⑤ 《南侨总会通告》，《总汇新报》，1939 年 3 月 17 日，第 4 版。

⑥ 如交通部机械厂要求机工“具备英语更好”。因厂内车辆为国外进口，故机工须熟知英文。

（3）爱国意识方面的要求。南侨总会制定多项措施，确保参加机工的华侨青年对中国的认同意识。南侨总会统一规定，“尤其注意其意识方面，及需具有爱国观念，其动机果悉出于效忠祖国者”，“须注意有妥人介绍，勿令汉奸混入为要”。[①] 1939 年 2 月 25 日，南侨总会第二次征募机工的通告中，又规定担保机工者“须有注册之会馆印担保者”。此外，南侨总会还要求机工本人亲自填写《参加机工志愿书》。

在各地举行欢送机工大会时，侨领及社团领袖反复强调服务国家观念，“务须拥护政府，抗战到底，莫负政府之期望”[②]。

2. 返国费用

返国机工所需费用主要包括回国路费和途中购买生活必需品。从新加坡经越南到中国，每名机工花费叻币约 48 元。各项开支及花费大约如下：

> 叻往安南船费及安南境内火车费约廿余元，由安南之昆明火车费十余元，作居留证五元，领馆护照费一元四角九占，每人衣服两套、鞋袜两双共五元八角，又零用预备五元，又在叻用费一元，又买面巾牙刷口杯一角八占，合计约四十八元余。[③]

除了旅途费用外，还有机工训练、培训花费和办理回国证件的费用等。

国民政府不仅没有向南侨总会提供任何招募机工的经费，而且连机工回国护照费用都未减免（在 1939 年 8 月招募机工的后期才免除部分费用）。南侨总会也因“向来未有对我捐助及何项存款”，统一规定“旅费由各埠机关负责供应”。因此，机工回国费用由各地筹赈会向侨领及社会各界人士募集。

为保证国民政府的需求，南侨总会规定，如有未能募足机工回国经费的筹赈会，机工回国费用先由南侨总会挪用其他费用代付，以后由各地筹赈会偿还。[④] 仅第一至五批招募机工并组织其返国，南侨总会就已花费叻币 34 497.7 元。[⑤]

以槟城机工征募委员会为例。槟城机工征募委员会委派庄明理先生领导专人募集机工费用。据庄明理报告，“第一批及第二批训练和遣送（槟城）机工，共需费用约达叻币一万三千元”[⑥]，皆由华侨社会捐赠而来。[⑦] 他募集费用主要采取

---

① 《招募返国机工爱国要求》，《总汇新报》，1939 年 2 月 15 日，第 2 版。
② 《南侨机工回国服务公约》，《总汇新报》，1939 年 5 月 18 日，第 5 版。
③ 《机工回国费用安排》，《槟城日报》，1939 年 3 月 13 日，第 3 版。
④ 《南侨总会致各地筹赈会函》，《总汇新报》，1939 年 7 月 26 日，第 3 版。
⑤ 《陈嘉庚致宋子良函（1939 年 7 月 4 日）》，《民国档案》2006 年第 3 期，第 36 页。
⑥ 《槟城招募机工情况报告》，《槟城日报》，1939 年 5 月 18 日，第 5 版。
⑦ 《槟城华侨为机工返国捐赠》，《总汇新报》，1939 年 5 月 18 日，第 4 版。

以下办法：①售卖“资助机工回国服务证”，主要是“印制征募之纸张，分贴在汽车中，每张设银一元”。②呼吁槟城华侨社团资助返国费用。槟城各华侨社团踊跃捐助，截至1939年3月26日，庄明理劝募返国机工旅费叻币1 700余元。

3. 返国手续

机工返国手续包括办理中国护照、华侨登记证以及居留证等，由于新加坡设有中国总领馆，因此办理证件较为便利。为了便于协调以及防止敌人渗透，南侨总会规定各地筹赈分会统一上交“南侨机工登记表”、办理护照照片等，以便统一办理回国证件。

南侨总会对返国机工办理证件要求如下：

每名队员须拍造像八张，两张贴于入队登记表（一表存于当地机关；一表交新加坡西南运输公司，转交国内运输处），三张贴于护照，另三张用于华侨登记证（如有华侨登记证可免）。①

4. 考核机工体质和技术水平

体质和技术水平是遴选机工的关键因素。各地筹赈会在选拔机工时，组织专门人员对参加者进行严格考核。按照南侨总会的规定，各地筹赈会遴选的机工抵达新加坡后，还须接受南侨总会专门人员的考核。

1939年3月14日，南侨总会告知各地筹赈会选拔的机工在新加坡同济医院进行考核：

为通知事，现本会组织第三批回国机工人员，业经决定于本月廿七启行返国，所有报名机工人员务希于本月十七日上午九时集齐同济医院听候丈量身体以便领取护照，此布。

南洋华侨筹赈祖国难民总会

中华民国廿八年三月十三日②

对于技术考核的要求，南侨总会规定，“驶车员抵达星洲后，须往本总会考验技术合格者，方能接受”。另外，南侨总会还要求提供其工作简历和技术证明。

5. 成立组织机构

为便于各地招募的机工组织有序地抵达统一出发地（新加坡、槟城）及便

① 《组织法及手续（1939年2月26日）》及《登记表及其手续（1939年2月26日）》，云南省档案馆藏，西南运输处档案，档案号：54－10－546。

② 《南侨总会考核机工通知》，《总汇新报》，1939年3月14日，第3版。

于统一管理，《组织法及手续》规定，在机工返国前，各地招募的机工须成立相应的组织机构：①每队以五十名为限（如不足队数可到星洲凑足）；②队内举正副领队各一人，文书一人，财政一人，宣传一人，负责管理全队事务；③正副领队须具有相当学识及判断能力、服务精神，方可领导全队为国努力。

南侨总会所成立机工回国的组织领导机构，设有总队长、文书、宣传、干事等职务，各批机工返国组织机构的人选皆由技术高超、具有领导能力的机工组成。机工返国组织机构的设立确保了各批返国机工有序、平安地抵达中国。

6. 返国船期

各地筹赈会遴选出的返国机工须集中于新加坡后统一出发，在返国之前，南侨总会会提前告知各地返国船期，并规定各地筹赈会提前来新加坡办理相关手续。

例如，第一批机工队出发后，南侨总会会根据船期安排下批机工回国时间，“第二批 3 月 13 日出发，第三批将于 3 月 27 日出发”①。又如，第五批机工出发后，南侨总会发布通告提前告知各地筹赈会船期时间及安排：

船期，定两星期一批，出发人数，无论多少，均可由本月（6 月）19 日起，至 8 月 11 日，计有五期船，可以前往，凡荷、暹罗、婆罗洲等属，有志参加何期船者，须先期函告，并请提前五天到星，预备出口手续。②

7. 各地征募名额

在招募机工的过程中，为确保达到国民政府对机工的需求人数，南侨总会规定了各地筹赈会招募机工的人数。1939 年 3 月 11 日，在招募第二批机工时，陈嘉庚致函各地筹赈会，按照各地筹赈会的华侨人数规定应募人数，兹录如下：

表 3－4　各地应募人数一览表

地区	应募人数
新加坡	300
柔佛	200
马六甲	50
森美兰	100

① 《槟城日报》，1939 年 3 月 14 日。

② 《南洋华侨筹赈祖国难民总会第十八号通告》，《总汇新报》，1939 年 6 月 9 日。

（续上表）

地区	应募人数
霹雳	200
槟城	100
雪兰莪	150
其他	100
总计	1 200

资料来源：笔者根据《槟城日报》1939 年 3 月 13 日的相关报道整理。

此外，南侨总会还督促雪兰莪筹赈会招募机工。初期各地积极办理机工招募之时，雪兰莪筹赈会在接到南侨总会的信函后，认为“其宗旨在筹募义款救济祖国难民同胞，对征募驶修工作，认为宗旨不合，未便遵办”①。南侨总会先后两次致函，请求其招募机工，并认为“如无所在地主办之机关，将使请缨无路，独抱向隅，置人才于闲散，塞爱国之前途，咎将尸位素餐”②。与此同时，南侨总会致函雪兰莪的福建会馆、中华总商会、广肇会馆，请求代为开展雪兰莪地区的机工招募工作。最终，经过南侨总会的多次督促，1939 年 3 月 3 日，雪兰莪筹赈会同意与以上三个华侨社团共同开展机工招募工作。③

8. 召开欢送机工返国大会

抵达新加坡后，为激发返国机工为国服务之心，南侨总会统一召开返国机工欢送大会。会议由新加坡华侨社会各界侨领及中国领馆人员参加，其内容主要是机工宣誓、公布《南侨机工服务公约》以及侨领或中国政府人员训话等。

南侨总会欢送机工返国大会的召开，强化并确保了返国机工为国服务的信念和决心。

9. 与国民政府各机构协调配合

南侨总会与国民政府各机构协调配合，是机工可以顺利返国的重要因素之一。国民政府驻星（新加坡）总领馆为机工办理证件等提供便利，及时把机工返国信息告知中国外交部以便协调和安排。当返国机工队伍抵达越南时，中国外交部提前告知海防领馆准备接待及办理签证等事宜。与此同时，西南运输处新加坡分处提前将南侨总会上交的“机工返国信息表”寄至中国，并告知西南运输处昆明总处做好接待工作。

① 《南侨总会致雪兰莪筹赈会函》，《总汇新报》，1939 年 2 月 23 日，第 3 版。
② 《雪兰莪筹赈会同意招募机工》，《总汇新报》，1939 年 2 月 28 日，第 4 版。
③ 《雪筹赈会决办理机工回国》，《总汇新报》，1939 年 3 月 3 日，第 4 版。

第二编

硝烟不畏驰援路

第四章　凶险连连：滇缅公路难行

起自 1938 年底，终至 1942 年 5 月，滇缅公路始终是中国抗战军事物资来源的重要国际通道。而其沿线区域，丛林叠嶂，道路不畅；虫蛇出没，瘴疾多发；轰炸频仍，险象环生。

一、丛林叠嶂　道路不畅

滇缅公路的自然地理环境，主要特点有三：海拔起伏大；道路曲折、弯道多；路基不稳。受云南低纬度气候、季风气候、山原气候兼具的特点影响，进入雨季之后，滇缅公路沿线容易出现塌方。

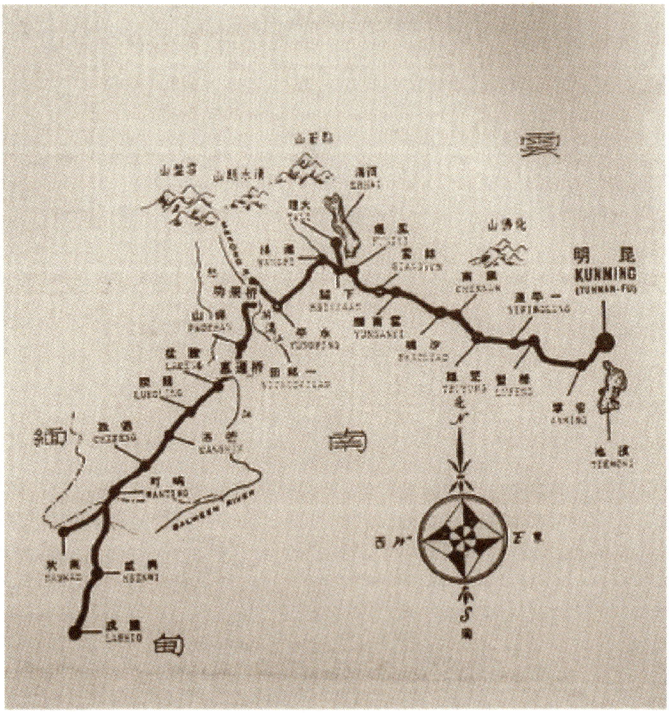

图 4－1　滇缅公路图

滇缅公路全长 1 146 公里，由昆明直达腊戍，横跨横断山脉，沿途要翻越苍山、怒山、高黎贡山，其中有原始森林的烟瘴之地，有濒临怒涛的深山峡谷。“高山峻岭，迂回重叠，连绵延布，其海拔高达三四千米，而低谷则深五六百米。两峰之间相望近在咫尺，而汽车盘旋上下要花大半天工夫。车队盘旋上山巅，只见层峰叠嶂，云雾迷蒙，一侧悬崖峭壁，一侧深谷大川，沿途陡坡急弯，令人惊心动魄。”①

图 4－2　滇缅公路上翻车后的情形

漾濞、功果、惠通这三座大桥的前后路段，由于处在漾濞江、澜沧江和怒江的“三江地带”，“不仅收纳了由横断山脉千山万壑倾泻而来的水流形成的纵横河谷，而且，还由于山脉起伏落差极大，要反复绕爬海拔近 3 000 米的高山，如有名的天子庙坡、红岩和定西岭、级山坡和羊老哨……”②“在这里，行车既要穿越高山的重峦迭（叠）嶂，又要由峰顶绕达江边谷底；渡涧越溪，再由谷地

① 《陈嘉庚故乡一位老机工的默默奉献——记南侨机工李荣竹》，林少川：《陈嘉庚与南侨机工》，北京：中国华侨出版社 1994 年版，第 101 页。

② 秦钦峙、汤家麟：《南侨机工回国抗日史》，昆明：云南人民出版社 1989 年版，第 89 页。

爬到山顶，在羊肠式的‘之’字形路上弯来绕去穿越无数涵洞。公路多由削坡劈岩而成，上顶青云兰（蓝）天，下是万丈深渊。如由遮放东行之三台山，龙陵之象滚塘、南天门、惠通桥和松山，功果桥之表庄丫口，永平县之铁丝窝等，由于地形特殊，弯道急促狭窄，常常发生事故甚至车毁人亡。”①

图 4－3　二十四道拐

南侨机工陈爵的回忆录中就提及，“昆明到贵阳有段路，从山脚到山顶有二十四道弯，坡陡、路窄、弯急，峡谷深渊，望不见底。又遇上下雨，车轮在泥泞的崎岖山路中直打滑，用‘寸步难行’来形容一点都不夸张”②。“在这条路上抢运军火，随时随处都有翻车的危险。”③

除海拔高、山路曲折等固有因素之外，滇缅公路建造时间的紧迫、建造难度

① 秦钦峙、汤家麟：《南侨机工回国抗日史》，昆明：云南人民出版社 1989 年版，第 89～90 页。

② 王兰英：《读先夫陈爵回忆录遗稿》，陈毅明、汤璐聪编：《南侨机工抗战纪实》，厦门：鹭江出版社 2005 年版，第 22 页。

③ 《陈嘉庚故乡一位老机工的默默奉献——记南侨机工李荣竹》，林少川：《陈嘉庚与南侨机工》，北京：中国华侨出版社 1994 年版，第 101 页。

的巨大，也在客观上造成了路基不稳等问题。当时为抢修公路，日夜修筑，仅在道路修筑期间，就牺牲了 3 000 多人。而公路路面狭窄、路基不坚实等情况，在雨季漫长、暴雨频频的情况下，增加了发生塌方的可能性。雨季到来时，往往天气会突变，乌云密布，雷电交加，暴雨骤至，山陡路滑。据南侨机工林福来回忆，滇缅公路“路基很坏，常常塌方，雨季简直无法通行，有时被堵在途中几天几夜”①。

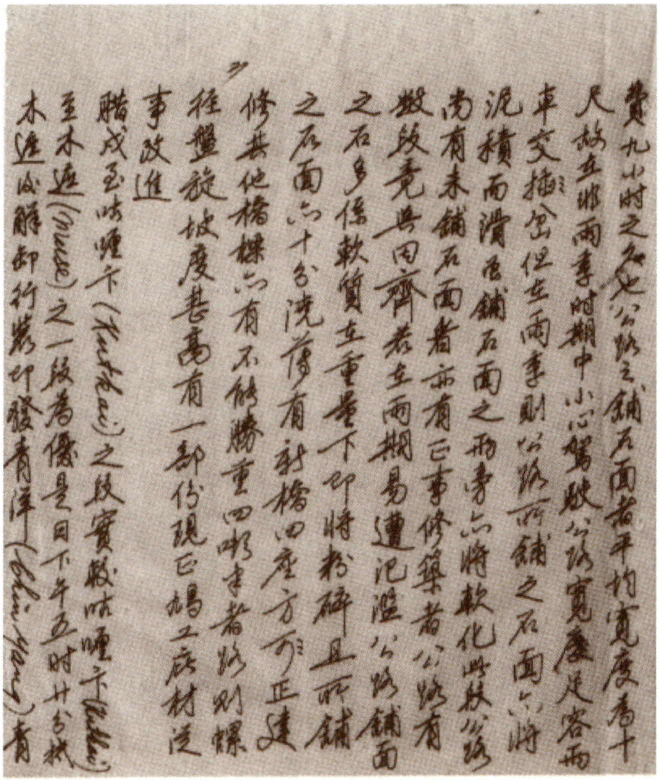
費九小时之久。此公路之铺石面者平均宽度為十
尺，故在此雨季时期中小心驾驶，公路宽度足容兩
车交換。但在雨季則公路所鋪之石面亦將
泥積而滑，已鋪石面之兩旁亦將軟化，此段公路
尚有未鋪石面者，亦有已事修築者。公路有
数段竟與田齊，若在雨期易遭泥濫。公路鋪面
之石多係軟質，在重量下即將粉碎，且所鋪
之石面亦十分淺薄，有新橋四座方亦正建
修，其他橋樑亦有不能勝重四吨半者，路則螺
旋盤旋，坡度甚高，有一部份現已鳩工庀材從
事改進。
腊戍至味哑卞(Kutkai)之段，實較味哑卞(Kutkai)
至木遮(Muse)之一段為優。是日下午五时廿分抵
木遮，必解卸行装，即發青洋(Chiu Yang)青

图 4－4　陈体诚视察仰光—畹町—腊戌—曼德利公路情形记录（节选）

图片来源：吴强、陈毅明、汤晓梅编著：《南侨机工档案史料选编：云南省档案馆藏部分》，北京：中国华侨出版社 2009 年版，第 159 页。

① 汤璐聪：《南侨机工林福来和他的义子林晓昌》，陈毅明、汤璐聪编：《南侨机工抗战纪实》，厦门：鹭江出版社 2005 年版，第 48 页。

1941年5月4日至12日，陈体诚视察仰光—畹町—腊戍—曼德利公路，记录“公路之铺石面者，平均宽度为十尺，故在非雨季时期中，小心驾驶，公路宽度足容两车交插岔。但在雨季，则公路所铺之石面，必将泥积而滑。虽铺石面之两旁必将软化，此段公路尚有未铺石面者，亦有正事修筑者，公路有数段竟与田齐，若在雨期易遭氾滥。公路铺面之石多系软质，在重量下即将粉碎，且所铺之石面……有新桥四座，方可正建修其他桥梁，必有不能胜重四轮车者。路则螺径盘旋，坡度甚高”。

二、虫蛇出没　瘴疾多发

战时，滇缅公路沿途为疟瘴、霍乱、伤寒等疾病的高发地区，在某些山谷密林路段更有毒虫猛兽出没。然而，医疗基础设施的不足，导致南侨机工常受困于有病无药可治的窘境。

“滇缅公路沿线是可怕的疟瘴地区，各种传播疟疾的疟蚊猖獗，日夜袭人。古来即有‘要下芒市坝，先把老婆嫁’之说。尤其是被人称为‘焖（闷）头摆子’的恶性疟疾，十人得了九人死。因此这一关最难过。在当时医药极端缺乏的情况下，只要染上疟疾，就有可能死亡。”① 南侨机工林福来也称：“我们机工当时还有一怕，那就是疟疾。很多机工到了芒市、遮放等疟疾高发区后，便被染上，

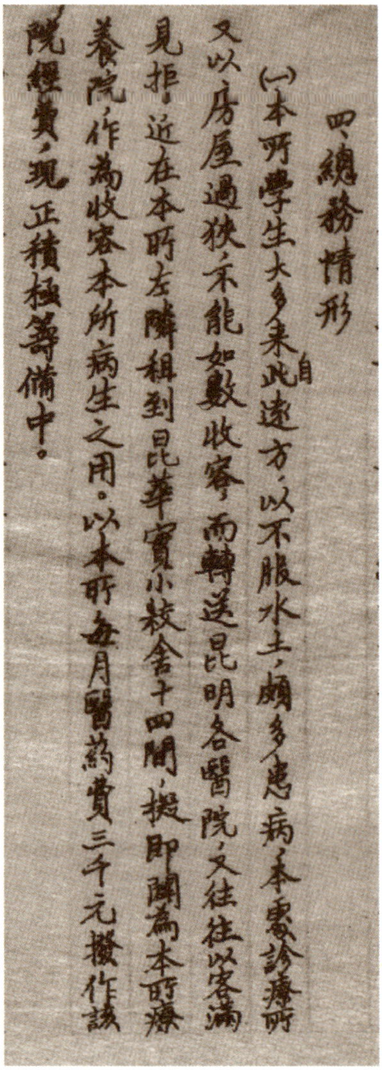
四、總務情形
(一)本所學生大多來自遠方，以不服水土，頗多患病，本處診療所又以房屋過狹，未能如數收容，而轉送昆明各醫院，又往往以客滿見拒。近在本所左隣租到昆華實小校舍十四間，擬即闢爲本所療養院，作爲收容本所病生之用。以本所每月醫藥費三千元撥作該院經費，現正積極籌備中。

图4-5　西南运输处陈质平1939年6月10日致陈嘉庚函（节选）

图片来源：云南省档案馆藏，档案号：54-6-335-f 085-f 091。

① 《战斗在滇缅公路上的南侨机工》，http：//www. chinaqw. com/node2/node2796/node2882/node2896/node3248/node3252/userobject6ai257195. html。

一病不起，甚至死于病魔。”①

“瘴气”在交通方便的地方不成问题，但在缺少药品、医疗设施不是十分完善的地方，将演变成“烟瘴”，增加疟疾、痢疾、霍乱、伤寒以及其他热带地区流行病的发病率。如滇西的芒市、畹町、遮放等地，雨季时，气温骤冷骤热，加之雨后烈日将烟瘴蒸起，很容易引起急性疟疾。此外，由于蚊虫叮咬、饮食难支等问题，人因病而亡的概率大大提高了。这是“芒市病”让民众闻之色变的原因之一，也印证了上文所提“要下芒市坝，先把老婆嫁”之说。

在某些山谷、密林路段，还有各种毒虫猛兽随时袭击往来行人。“以蚂蝗（蟥）为例，就有旱蚂蝗（蟥）、水蚂蝗（蟥）、大蚂蝗（蟥）、小蚂蝗（蟥）等多种。只要有人坐在树下，它就能凭嗅觉准确地从树上自行‘降落’到人的身上。人从草丛中走过时，它也会‘顺势牵衣’，一蹴而‘粘’住人的肉体，然后吮吸你的血液。这里的毒蛇不下数十种，如不慎被其咬伤，就有可能在数小时内丧命。”②

南侨机工并非土生土长，除却上述各种情况之外，还因水土不服、环境不适应等较易患病。根据机工回忆，训练所内有数千名机工，诊疗所和医生却未按比例配备，机工的就医问题长期未能妥善解决。事实上，1939 年 6 月，西南运输处陈质平致函陈嘉庚时已经提出在训练所内设立疗养院的建议：“以不服水土，颇多患病，本需诊疗所，又以房屋过狭，不能如数收容，而转送昆明各医院，又往往以客满见拒。近在本所左邻租到昆华实小校舍十四间，拟即辟为本所疗养院，作为收容本所病生之用。”然而，由于机工工作性质特殊，需长期奔波在一千多公里的滇缅公路上，途中生病、受伤等情况时有发生，单纯依靠训练所内的疗养院，不足以解决机工运输途中的就医问题，而必须倚仗沿路医疗机构和医疗设施。为此，遮放分处曾致函昆明总处，汇报遮放工作人员病者众多，以致人心惶惶，请求总处提供医疗援助，但昆明总处的情形也不乐观。

为改善滇缅公路沿线的医疗条件，西南运输处曾与上海圣约翰医科学校代表沈副良签订合约，请其牵头在滇缅公路上创办医院，但这仍然无法满足病患需求，以至于患病机工不得不借助其他途径，或深入公路沿线村落寻医，或跋涉前

① 汤璐聪：《南侨机工林福来和他的义子林晓昌》，陈毅明、汤璐聪编：《南侨机工抗战纪实》，厦门：鹭江出版社 2005 年版，第 48 页。

② 秦钦峙、汤家麟：《南侨机工回国抗日史》，昆明：云南人民出版社 1989 年版，第 89 ~ 90 页。

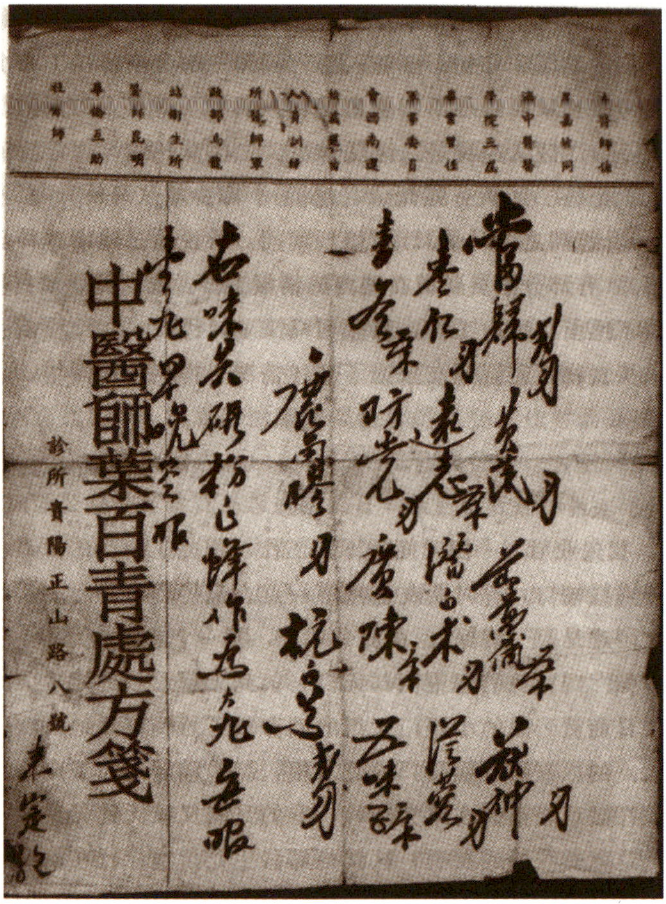

图 4－6　机工陈爵所藏之中医药方

图片来源：华侨博物院编：《南侨机工》，北京：文物出版社 2005 年版，第 87 页。

往贵阳等地的中心城区诊所求医。以机工陈爵为例。陈爵患病时，亲身前往贵阳正山路一家诊所挂号看病，后经叶柏青中医师诊治痊愈。陈爵感谢叶医师的救命之恩，因此将当年叶医师所开处方珍藏数十载。

当时，由于当地治疗水平和医疗设备、药物使用等的限制，重病机工往往被送返南洋地区接受治疗。1940 年 4 月后，机工因病请假南返治疗受到严格限制，主要是“因欧洲关系，办理转口手续困难”，对此，西南运输处规定：“华侨机工患病暂时停止遣回南洋，如患痼疾者送下关医院疗养。非办不可者，候南洋手续办妥再予遣返。”这导致部分因为等待批复而无法及时返回南洋接受治疗的机工病死。

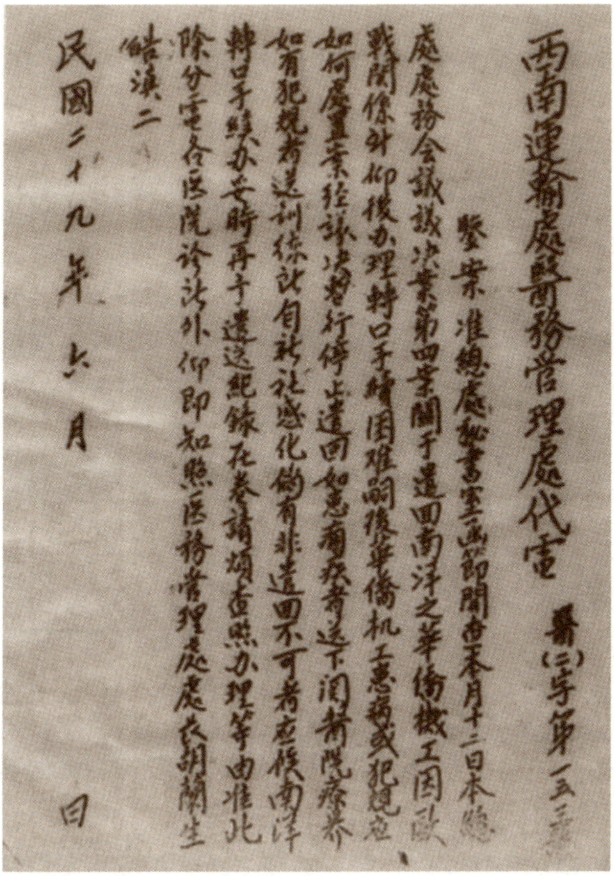

西南運輸處醫務管理處代電

醫(二)字第一五三號

鑒 案准總處秘書室函節開查本月十二日本總處處務会議議決案第四案關于遣回南洋之華僑機工困欵戰關係外仰復办理轉口手續困难嗣後華僑机工患病或犯規应如何處置案經議决暫行停止遣回如患痼疾者送下關醫院療養如有犯規者送訓練所自新社感化倘有非遣回不可者应候南洋轉口手續办妥時再予遣送紀錄在卷請煩查照办理等由准此除分電各醫院診所外仰即知照醫務管理處處長胡蘭生

皓滇二

民國二十九年六月 日

图 4－7 西南运输处医务管理处 1940 年 6 月处置侨工伤病办法代电

图片来源：云南省档案馆，档案号：54－31－6222－f 007。

可见，滇缅公路本身复杂的地理环境和气候条件使自远方而来的很多机工患病，而抗战期间长期存在的沿线医疗机构覆盖率不高、相应的医疗设施仍未齐备等问题造成的缺医少药的困境，使很多机工病死途中。

三、轰炸频仍 险象环生

滇缅公路的存在，使抗战前线的补给源源不断，有效打击了日本迅速灭亡中国的妄想，所以日本将切断这条交通生命线作为其重要战略目标。1940 年，借

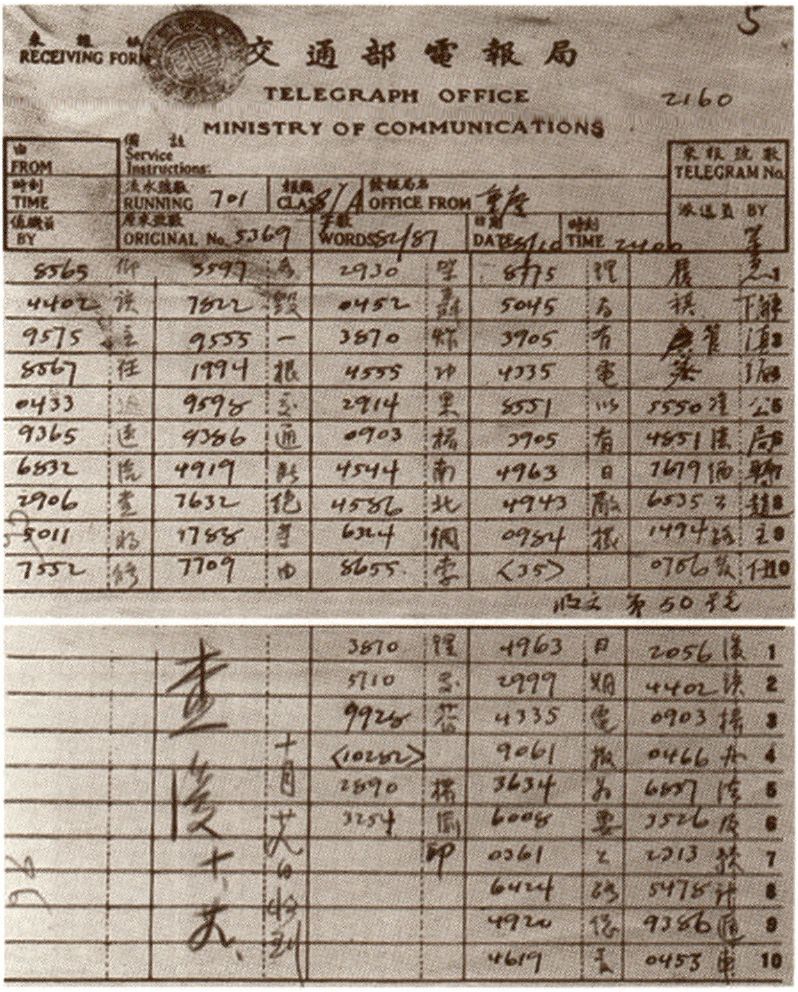
来報紙 RECEIVING FORM
交通部電報局
TELEGRAPH OFFICE
MINISTRY OF COMMUNICATIONS

图 4－8　重庆公路总管理处询被敌机炸断功果桥修复办法及通车日期急电

图片来源：云南省档案馆藏，档案号：54－17－30－f 095－f 096。

由外交手段，日本逼迫英国宣布封闭滇缅公路三个月（1940 年 7 月 18 日至 10 月 18 日）。10 月下旬，滇缅公路再度开放。然而日军遏制这个“交通咽喉”之心仍存，不断派出轰炸机在滇缅公路上狂轰滥炸，企图将这条公路炸毁。

图 4-9　日军轰炸功果桥

图片来源：华侨博物院编：《南侨机工》，北京：文物出版社 2005 年版，第 60 页。

截至 1941 年 2 月 17 日，日军共出动飞机 242 架次，空袭 16 次。1941 年 1 月 23 日，功果桥遭到 9 架日机的轰炸，一半桥面被炸毁，坠入波涛汹涌的澜沧江中。

此外，为“严禁中国及南洋各地的物资流入美国”，日本在 1941 年 11 月 15 日通过的《关于促进结束对美、英、荷、中战争的草案》中，明确指出将通过军事行动施压，除封锁地面、海口外，还亟须执行“对重庆进行封锁和空袭”的战术。为此，日本专门成立了“滇缅公路封锁委员会”。日军在越南河内频繁出动飞机，对滇缅公路各枢纽城镇进行破坏性轰炸。据不完全统计，至日军入侵缅甸前，日机共出动 60 次 639 架，还出动了 29 批轰炸集群，对云南、重庆、贵州等地交通枢纽进行疯狂轰炸；仅滇缅公路上的“咽喉”——惠通桥和功果桥，就各被炸坏 20 次以上。

四、环境苦寒　境况艰难

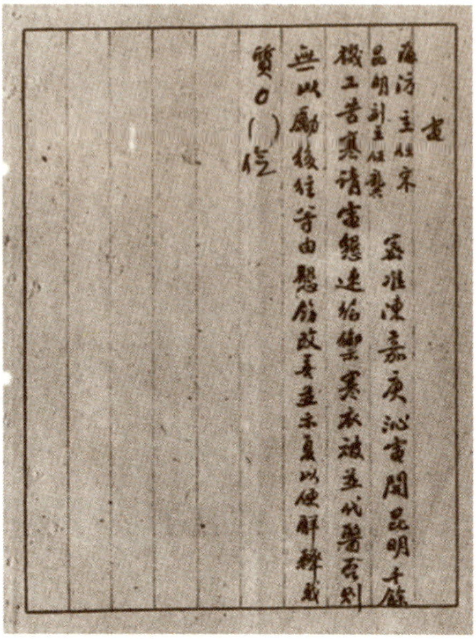
急
海防主任宋 兹准陈嘉庚沁电闻昆明千余
昆明副主任龚
机工苦寒请当恳速给棉寒衣被并代医否则
无以励后往等由恳饬改善并示复以便解释[illegible]
质○（）位

图4－10　陈质平转知（宋子良、龚学遂）陈嘉庚机工苦寒电

图片来源：云南省档案馆藏，档案号：54－6－335－f 047。

抗战时期经济困难，南侨机工时常处在饥寒交加的窘迫境地。1939年4月28日，陈质平转知（宋子良、龚学遂）陈嘉庚机工苦寒电，陈述“昆明千余机工苦寒”的情况。相关函件又提及“惟新增华侨八百余人，所需房屋，又感不敷矣”。

以华侨义勇大队第十五大队为例。他们驻扎地的物价昂贵，普通运输人员一餐所耗的费用为国币一元五六角。而当局对于机工待遇的规定为“查华侨归国之司机待遇一律为国币卅六元”，也即一个月国币36元。

据云南省档案馆收录的《十五大队四十四中队队长致海防分处函》（1940年10月12日）记载，镇南关人口稀少，居民不过七八户，且本地并无基本生活资料的生产，油盐米菜等必需食品，通通需要从法国境内订购，生活成本非常高，“白饭一小碗国币一角，每顿以三四碗计，仅日食白饭，即须七八角之多”。相较于机工们所领取的工资而言，基本饮食需求的物价高昂，导致他们基本处于入不敷出的状态。在健康情况下，机工们尚且无法解决基本的温饱问题，何况还有出现因病症、伤痛等问题而无法领取工资之时。

除饮食问题之外，南侨机工的居住、日常生活用品等，也都时常出现严重的问题。如四十四中队全部机工曾处在无处栖息的窘迫境地，全体人员夜里只能寻找山洞御寒。据南侨机工林福来回忆，“我被分配在第十四大队服务”，“生活十分艰苦，在队部时，虽一日三餐，但早点却吃稀饭。出车执行任务，更是饱一顿、饿一顿的，有时还得自带锅米，途中停车，埋锅做饭”。[1]

---

① 汤璐聪：《南侨机工林福来和他的义子林晓昌》，陈毅明、汤璐聪编：《南侨机工抗战纪实》，厦门：鹭江出版社2005年版，第48页。

图4－11　机工使用的毛毯、水杯

图片来源：华侨博物院编：《南侨机工》，北京：文物出版社2005年版，第51页。

图4－12　机工使用的水壶

图片来源：华侨博物院编：《南侨机工》，北京：文物出版社2005年版，第75页。

1939年12月23日，华侨义勇大队第十五大队（驻扎在越南）队长杨碧湘致函西南运输处主任宋子良，请求给予生活补助：

> 窃知各队学生均系华侨，背父母离家来异域者，感祖国之危机，秉匹夫之责，是以前在昆明间，此线抢运艰难，毅然请来，佢知遍地风寒，逾秋尤烈，越币陡涨，随时增加，物价昂贵，因之益高，出发者补助费勉强可维持一饱，企翼报效雄心不挫，白天有敌机之险，夜则受风寒之危险，强健之躯意消于食物昂贵，虽难获衣食暖饱，若长此褴褛饥色，只恐精神衰败，病魔从此侵入，恳乞钧座无论如何出发与否官兵均请以补助，用以维持生活，实为公便，谨呈。处长转宋主任。①

根据上述引文可以看出，当年南侨机工在住宿、饮食、医疗等方面确实捉襟见肘，但即便如此，他们仍以无私的爱国奉献，以深沉的民族情怀，以卓越的坚忍信念，完成了抗战时期的各类运输任务。

① 《华侨义勇大队第十五大队杨碧湘致函西南运输处（1939年12月23日）》，云南省档案馆藏，西南运输处档案，档案号：54－31－4085。

第五章　制度了了：训练严格有序

在大片国土沦陷、敌寇疯狂肆虐、沿海港口全部被封锁的危难时刻，在国内急需大批汽车驾驶员和机修人员之际，3 000 多名马来亚、新加坡、泰国、缅甸、越南、菲律宾、荷属东印度等地华侨热情响应著名华侨领袖陈嘉庚先生领导的南侨总会的号召，于 1938 年三四月份陆续从马来亚经越南、缅甸抵达昆明，经一系列训练后分批奔赴抗日战场。他们中的大部分人进入西南运输处，服务于滇缅公路的军事运输，“以路为乡，以车为家”，成为“抗日运输尖兵”；少数投奔延安参加八路军，或在南方参加新四军，从事其他抗日工作。

受制于战时环境、运输工作流动性、管理机构的变迁等因素，学界对南侨机工的地区分布及人数难以作出精确的统计。就地区而言，南侨机工主要分布在昆明、重庆、贵阳等地；就部门而言，西南运输处华侨机工人数最多。鉴于西南运输处管理时期的南侨机工分布相对稳定，且关于此一时期的档案等资料相对丰富，将重点对这一时期的南侨机工作一考察。

1937 年 10 月，西南运输处正式在广州成立。该机构直接隶属于军事委员会，是抗日战争时期我国规模最大的官方军事运输机构，也是当时中国最大的国际运输机构。1938 年 9 月，西南运输处迁入昆明，主要是为兵工署运输军事物资，承担将由海防、仰光两港口进口的军事物资运入国内，以及将军事物资运至兵工厂和战场前线的任务。当时西南运输处共有员工两万多人，是一支庞大的抗日运输队伍，也是中国抗战时期投入人力、物力最大的华侨支前机构。

南侨机工是在中国抗日军事运输困难之时，应国民政府西南运输处等部门之需由南侨总会统一招募而来的。因此，大部分南侨机工主要由西南运输处管理和安排。他们抵达昆明后，并没有马上参加军事物资运输工作，而是被送入设在昆明潘家湾昆华师范学校内的“西南运输处运输人员训练所”接受训练。“西南运输处运输人员训练所”是西南运输处为培养、训练司机及修理人员和通讯员等人才而设立，所长由西南运输处主任宋子良兼任。南侨机工接受“西南运输处运输人员训练所”必要的培训后，被编入西南运输处下属运输大队、修理站以及装车厂工作。

一、训练刻苦　种类多样

由于南侨机工所承担的军事物资的补给重任和身份的特殊性，为使其掌握和适应中国军事运输任务所必备的技能和要求，西南运输处对其实施了严格的培训，内容包括军事、技术、政治等。在培训中，已习惯南洋舒适生活的华侨青年克服物质等方面的困难，抱着为祖国抗战的坚定信念顺利完成了培训任务。

图 5－1　昆明潘家湾“西南运输处运输人员训练所”旧址

（一）培训的必要性

1. 所运输物资的特殊性

西南运输处作为中国抗战时期最大的运输机关，属于半军事性质。《军事委员会西南运输处公报》1939 年第 5 期《告本处全体同仁书》载：西南运输处“是抗战时期应运而生的机关，自负国际运输的重要责任，……担负抗战建国的军事运输的任务”。云南省档案馆藏《训练所给总处函》载：“为抗战需要起见，故于交通技术以外，兼及军事知识之灌输，寓军人精神之培养，使其具备完全之人格，堪能担负重大之任务。”西南运输处副主任吴琢之在对南侨机工的训词中也说：“机工技术优良，本无需要训练，惟抗战必须统一步骤，始能有效一致，吾人必须遵守纪律、服从命令、服从长官指挥，养成集团生活的习惯，然后分配各位到前线。”可见，南侨机工担负的是为抗战前线输送军事物资、运输钞票、运输武器乃至运兵的重任。运输军事物资的性质决定了运输人员必须掌握基本的军事知识和技能。此外，运输人员工作区域临近前线战区，掌握必要的军事知识及技能，可以应对遇到敌人等意外情况，所以军事训练实属必要。

2. 华侨机工身份的特殊性

一抵达中国便投入到紧张严格、枯燥乏味的军事训练中，难免令不少原本过着宽裕自由生活的海外侨子们不适应。据南侨机工陈寿全回忆，他当时被安排到潘家湾训练所训练，在那儿待了三个月。那三个月，与他同行的华侨大多不太习惯一声口哨坐下、一声口哨端碗、一声口哨才开始吃饭的军事化生活。云南省档案馆藏《郑琦拟华侨机工状况函（附件）（1941年6月23日）》载：南侨机工“言其性情，则爽直而热烈，言其举动，则活跃而放浪，且久居热带海岛之地，又因殖民政府但求其劳作，此外不加苛求，平日故于放纵，不加管教”。1939年4月22日，经仰光入滇的第四批南侨机工抵达仰光时，西南运输处副主任龚学遂向全体机工训词，强调集体化生活、军事化管理的必要性：“我国所处地位，乃在战期，一切生活环境须在于战时状态乃当然之事，故吾人之生活必须简单化、军事化，能吃苦耐劳，努力负责，实干苦干，决不能再如南洋海外之舒适，诸君须应明了。”此外，对习惯于南洋舒适生活的华侨机工而言，训练所设备简陋，提供的物质条件不足，生活较为清苦。《总汇新报》1939年6月3日刊载的《张炎元给南洋侨胞的一封信》中介绍了南侨机工早餐和晚餐的情形：

早粥时间，没有旁的菜，只有腌菜、白萝卜之类，大家胃口都不坏，起码三大碗稀饭是到肚的。吃快些的，有吃上五六碗的，菜完了只好不用菜，只好啜白粥。12点是吃中午饭的时候，昆明在特殊的情形之下，粮食很贵，米要20多元才能购到一袋，整天忙碌的人吃量大点，所以每当八月的伙食，除饭可饱食外，连蔬菜也不够，肉的分量当然更少……

有鉴于此，要使南侨机工熟悉国内生活以适应中国战时运输机关组织化、纪律化的要求，在参加抗日运输前必须让他们融入集体化生活和接受军事化管理。

3. 思想政治教育的特殊性

1939年，在日本的支持下，汪精卫在南洋地区活动以收买部分华侨与日本合作，因此，在意识形态方面，国民政府要求运输人员必须“严守秘密，切实主要保守国家秘密，言论行动切须小心谨慎，时刻提防汉奸、台奸敌人的间谍活动”（《西南运输处吴琢之副主任对南洋回国机工训词（1939年4月25日）》，云南省档案馆藏）。西南运输处副主任龚学遂在机工训练开学典礼中，也强调了机工爱国教育的必要性：

我们迎来了1 500名朝气蓬勃的富于“求知”知识的华侨青年学生，无论是为着逾千的青年学生着想，抑或为求本处训练这批青年得受完美的成果，都需要充实他们关心德育、智育、体育的学识和技能，使他们可以成为一个爱国的国民、模范的运输员、尽职的优良员工。此外是效忠国民政府的需要。

踊跃报名返国的爱国机工中，有司机、工人，也有工程师、大学生，他们中的许多人并没有在中国长期生活过，他们报效的是概念中的“祖国”，因此，进行积极正面的思想政治教育是因应时势的必要之举。

（二）编队方式

南侨机工在训练所中，分别被编入不同队伍接受训练。据云南省档案馆藏《运输人员训练所第三批回国华侨编调情形呈（1939 年 5 月 17 日）》可知，第四批返国机工抵达训练所后，其编队及安排情况如下："第三批回国服务华侨五百九十六名，除黄冰心、黄春式等二名留星未来，赵若瑟、吕福等二名半途潜逃外，实到五百九十二名，经于四月五日连同庇能返国机工三十一名合编为临时大队。第一队二百十一名、第二队二百零五名、第三队二百零六名，调编第六大队一名。旋以临时大队各队人数过众，乃于四月十五日改编为第七、八大队，计第七大队二百二十一名，第八大队二百十一名。"临时大队队长由温天一担任，下设六个中队，其队长分别为古国元、李金长、刘航导、姜自璋、陈自才、黄兴存。为管理方便，每个中队根据人数不同设班，如第一中队设立 15 个班，每班人数为 12 ~30 人。对 1939 年 6 月 1 日后抵达昆明的南侨机工采取新的编队方式，先考验技术，再根据成绩进行编队。

（三）训练制度

图 5 －2 训练队列

返国机工训练时间一般为 1 ~3 个月。训练期间，南侨机工身着统一制服参加训练，接受集体化生活和军事化管理。在《总汇新报》1939 年 6 月 5 日刊载的《槟城机工领队致筹赈会函》中提到，南侨机工每天早上五点半起床点名，六点半升旗，八点早操及早餐，九点稍作休息后上司机修械课程，十一点下课回宿舍，十二点午餐，十二点半午睡；下午一点半起床，一点五十分出发，二点二十分上课，课程同上，三点二十分出操，五点收操，五点半降旗，六点半晚餐，七点游戏，八点自习，九点熄灯、睡眠。从以上时间安排可以看出，南侨机工从早上五点半到晚上九点，时间安排极为紧凑，在整个训练期间全部在训练所内接受封闭训练，基本上没有个人外出和活动时间。

此外，南侨机工进入训练所后须遵守《军事委员会西南进出口公司总经理处运输人员训练所学员保证章程》。该章程规定，参加训练人员"四人连环互保"，

“确保之四人应各负连带保证责任，不得相互推诿”。“在训练期间无故中辍者”将受到经济上的重罚，如“赔偿训练费”：熟练司机及机工 100 元，练习司机及机工 200 元。“如被保人不得履行时，应归联保人共同负责代为赔偿数目。”“四人连环互保”制度的实施，一方面反映出西南运输处对机工训练之严格；另一方面，该项制度也使得南侨机工在训练所互相监督，在一定程度上确保了他们逐渐适应军事化、集体化的管理方式，从而为军事物资的运输奠定了坚实的基础。

（四）训练内容

正如前文所提，当时的滇缅公路是一条紧急抢修的简易公路，一千多公里的路段 80% 是崇山峻岭，悬崖、峭壁、深谷、陡坡、急弯不计其数，地势险恶，路况极差。其中，车祸是南侨机工遭遇的首要险情。据统计，1939 年 4 月到 7 月，滇缅公路上南侨机工驾驶的车辆就发生 24 起车祸。1940 年日军占领越南后，为有效断绝滇缅公路运输，频频对公路的咽喉要道进行轰炸，也对来往的车辆进行空袭。对冒着枪林弹雨日夜奔波于该路的机工又增加了一种来自空中的威胁，为躲避白天的轰炸，他们常在夜晚驾车、闭灯行驶，由于弯急坡陡，难免车毁人亡。因此，南侨机工一般要经过短期的严格培训考试后才能上岗开车，训练的主要内容就是驾驶。除了驾车外，他们还要学习地理、政治、军事、防空等课程，这些课程中，以防空知识最实用，后来当他们在滇缅公路上抢运物资遭日军轰炸时，这些知识全部派上了用场。南侨机工的训练内容主要包括技术、军事、政治三方面。

图 5－3 路况极差的滇缅公路

1. 技术培训

云南的路难走，早已名声在外，滇缅公路难行之名尤甚。如三台山这一段道路出现了唯一的一个短墙，比较艰险，此处因为坡特别陡，几乎达到九十度，而且弯急，假如司机到这个地方控制不住车辆的话，那么车辆就有可能从这个地方直冲而下，或者一直向前滚，滚到底。云南省档案馆藏《复兴公司驻缅运输工程处有关侨工管理函（1940 年 1 月 29 日）》载："滇缅公路之险，为世界闻名，驾驶机工，非体魄健全、技术纯熟者，恐难措置裕如。"可见这条穿越高山深河、遍布急弯陡坡的临时公路，十分考验驾驶者的技术与胆量。因此，南侨机工在抵达训练所后，即使是一些在南洋已经开了很多年汽车、拥有熟练驾驶技术的机工，也须按规定接受技术水平考核，考核优良者可对其进行偏重军事、政治的训练，水平一般者则须依照熟练司机课程再训练一个月，并再次接受考核。

此外，考虑到大多数南侨机工虽对平坦易行的南洋路况早已适应，但对中国西南滇缅公路恶劣的路况较为陌生，较缺乏山地驾驶的经验和技能，所以特别对其进行山地驾驶培训。"运输人员训练所"根据机工技术水平的不同而分别编队训练，训练地点主要是在昆明市周边山路，以练习山地驾驶为主。"初一翻车，十五到底"是当时在南侨机工当中流传的一句话，意思是说，当时滇缅公路上的山势险峻，上有垂悬欲坠的巨石，下有深邃难测的深渊，尽管出发之前，队长把机工们召集在一起，强调行车的时候若是想调头，千万要屁股（车尾）靠山、车头向崖，以免不小心滑落悬崖，但仍无法避免事故的发生。机工王亚六第一次执行的任务是到边境小镇畹町去接华侨援助的一批美国道奇牌的载重车，这批载重车上共装有 120 箱迫击炮炮弹。当车装载完毕并踏上回程时，已有多年驾驶经验的王亚六不敢多看一眼车窗外，生怕不慎坠入悬崖。

2. 军事培训

军事培训主要是向南侨机工讲授必要的军事常识及部分实践知识，帮助他们学习军事理论、战略战术和军事技术，初步了解军队编制、武器装备和作战特点，熟悉所经地区的地形、水文、气象及其对作战行动的影响，培养组织指挥和协同工作的自觉性，学会如何用枪，目的是提高机工们的军事素质和战斗力，以便随时能执行战区运输任务。据南侨机工翁家贵回忆："军事训练，一天就是立正稍息，'一二一'的跑步和学习防空知识。防空知识就是说飞机来炸了，你怎么应对，怎么躲法，就是告诉这些，学了还是有用的。还有扑在地下，要离胸部一个拳头的距离，炸弹炸来以后不会震到身上，这个也是有作用的。"

3. 政治培训

为确保南侨机工完全效忠于国民政府，西南运输处设有国民党党部，党部根据国民党中央的安排定期举行一系列政治活动，如"总理纪念日"活动、"新生活运动”等。根据规定，所有南侨机工必须参加上述活动。“运输人员训练所”还会定期召集南侨机工进行精神训话，并开设由教务科职员负责讲授的初、高级识字班，专门为南侨机工编写政治常识讲义，目的是增强南侨机工忠于国民政府、拥护“三民主义”的政治意识。此外，“运输人员训练所”会利用每天早晚的升降中华民国国旗仪式对机工训话，训话由西南运输处主任等官员轮流主讲，时间约半小时，随后全体华侨机工合唱《中华民国国歌》及《领袖歌》。

通过“运输人员训练所”的短期严格训练，南侨机工基本上掌握了运输军事物资所需的军事知识和运输技能，逐渐适应了中国运输军事化、集体化的管理方式，有的南侨机工还因表现突出而被聘为助教等职。当然，对于突然接受严格训练及过清苦的生活，虽然少数南侨机工一时难以适应，但绝大多数南侨机工仍抱着为国运输的信念和决心，抱有前来吃苦的思想准备，克服困难，完成了训练并顺利通过毕业考核。

图 5 – 4　南侨机工整训班第一期全体官生合影

简言之，西南运输处对南侨机工的训练有助于南侨机工完成抗战中的军事物资运输任务，意义重大。首先，通过集中训练，南侨机工初步了解和掌握了在中国承担军事运输任务的必要技能和政治素质；其次，通过培训，南侨机工初步适应了集体化生活和军事化管理方式，为其担负军事物资运输重任奠定了坚实的基础和保障。

二、因时而变 随事而制

（一）南侨机工地区分布

除了参加军校的南侨机工之外，南侨机工在国外主要分布在越南和缅甸两地，在中国境内则主要分布在整个西南地区。

1. 国外

（1）越南华侨机工。1940 年 6 月南宁失陷前，西南运输处在海防设有海防分处，专门办理经越南抢运物资到中国事宜，西南运输处招募了 100 名越南机工直接在当地服务。

（2）缅甸华侨机工。主要集中在仰光和腊戍。仰光是西南运输处仰光分处驻地，是国外军事物资抵达的重要港口，凡车辆装配、物资装运以及北运腊戍，皆离不开具备语言和技术优势的华侨机工。第一批经槟城抵达仰光的南侨机工即被安排装配车辆。

经越南抵达昆明后的南侨机工也曾被派至仰光装配车辆。据复员南返的机工叶湛恩在《炮火留下的记忆》一文中的回忆，由于仰光急需装车，他没来得及在西南运输处接受培训就被安排到仰光装修车辆，且因工作效率极高而深受美国人的好评：

我们从星洲（新加坡）出发，经过安南（越南），到昆明后，因军事当局急需车辆应用，我们来不及接受军事训练，便被派往缅甸，修理装置军用车辆，在短短的三个月内，将三千多辆兵车，装置修理完成。在我们未被派之时，原是由当地缅甸土人负责，当时土人的工作，每组是四人至五人，每日顶多能装一辆；而我们亦是每组四人至五人，但是我们每日能装置四至五辆之多，工作效率之速，惊动了美军掌管人员，他们认为这是一种奇迹，而我们感到，并不是奇迹，这是我们有了经验和责任心的表现。

另外，在滇缅公路的终点缅北的腊戍地区也驻扎了大批南侨机工，主要是华侨先锋第二大队和华侨机工抢运队，负责将腊戍的物资运至中国境内。

2. 国内

中国境内南侨机工遍布昆明、贵阳、重庆、南宁等地。表 5－1 为根据云南省档案馆藏《西南运输处机工分布》（档案号：54－31－6490）整理的 1940 年 4 月国内各地南侨机工分布情况：

表 5－1 1940 年 4 月西南运输处车队华侨司机人数一览表

队别	人数	驻地	备注
第一大队	50	芒市	
第二大队	29	昆明	共 96 人
第五大队	67	昆明	
第四大队	51	贵阳	共 72 人
第七大队	20	贵阳	
第十八大队	1	贵阳	
第六大队	72	关领场	
第十一大队	203	保山	
第十二大队	209	龙陵	
第十三大队	180	遮放	
第十四大队	209	下关	共 243 人
第十六大队	34	下关	
第十五大队	138	镇南关	
第十七大队	30	重庆	
第八大队	8	沅陵	
总计	1 301 人		

表 5－1 为我们了解南侨机工的国内分布情况提供了重要的资料。可以看出，1940 年 4 月，西南运输处的国内华侨司机有 1 301 人，主要分布在昆明、贵阳、重庆、广西、湖南等地。其中滇缅公路沿线的滇西地区最多，保山（203 人）、龙陵（209 人）、遮放（180 人）、下关（243 人）共计 835 人。

1940 年 7 月 15 日，为在滇缅公路沿线筹备设立华侨机工互助社分社，华侨机工互助社助理干事陈素磺（南侨机工）和曾达（华侨）到滇缅公路沿线调查华侨机工情况，其调查报告显示，除第一大队华侨机工较少外，其余五个大队均系华侨机工。其中，仅下关就有 700 余人。

1941 年初，西南运输处代理主任陈体诚亲自考察川滇线及滇缅公路运输情况，其考察报告显示，西南运输处共有“司机约 4 000 人，华侨机工占 60%，约 2 400 人。其他省籍机工约 1 600 人”。1941 年 10 月，因车辆减少，陈体诚决定对西南运输处服务机工进行缩编，将国内招募的机工全部辞退。这样，除了各队后勤主要管理人员外，1941 年 10 月之后在西南运输处担任运输军事物资任务的主要是南侨机工。

（二）混编管理

南侨机工受训后按军事编制，大部分奉派在滇缅公路的四个大队和两个华侨运输先锋大队服务。据南侨机工谢川周回忆，他在训练所毕业后很快接到了第一个任务，就是从缅甸腊戍运汽油到遮放。在这个时候，所有南侨机工受西南运输处分配，设有驻缅甸八莫、腊戍的先锋队，驻芒市、遮放的第十三大队，第九大队驻贵阳一带，驻下关一带的是第十四大队，还有被派往贵阳的南侨机工，他们被编入陆军辎重兵汽车三团，先后辗转于贵阳、长沙，而机修人员除一小部分被编入上述各大队随队服务外，大部分被分配到芒市、下关、保山、昆明、贵阳和重庆等地的汽车修理厂当修理机工。

为充分利用南侨机工的技术优势，西南运输处对南侨机工进行了合理编队和管理。一方面，西南运输处为利用南侨机工的技术特长，将南侨机工与国内机工汇编成西南运输各大队，使国内外机工之间能够各取所长；另一方面，为充分利用南侨机工的语言特长和技术优势，西南运输处在中缅边境成立由南侨机工组成的华侨运输先锋大队，主要承担将囤积在缅甸北部的军事物资输入中国境内的重任。西南运输处的这些安排使得南侨机工的技术等优势得以发挥，大大提高了军事物资运输的效率。

根据国内外军事物资运输的需要，西南运输处首先把通过“运输人员训练所”考核并获得毕业证书的南侨机工进行再次编队，然后将其派往滇缅公路沿线各队、站。据云南省档案馆藏《西南运输处第二期公报》载，1939 年 5 月 8 日，西南运输处对训练所毕业的南侨机工作出以下安排：“熟练司机及第一批华侨学生经于 4 月初训练期满举行毕业考试，及格学生已编为特别大队及华侨义勇第一队，旋改为本处运输第三大队，出发南宁服务。第二批华侨机工编为华侨第二、三大队，此外第二、三批华侨学生中（有）机工 115 名，在所短期训练后，先后派腊戍工作，现除练习司机第五大队继续训练外，尚有训练司机第五大队司机编为第六大队，第四批华侨学生编为第七、八大队，另外华侨机工编为机工队分别训练。”

南侨机工被集中编入第五、十一、十二、十三、十四、十五大队，其余机工编入第一、三、四、九、十六等大队，至于汽车修理技术人员，除少数被安排在上述各队随队任修理工外，大部分被分配到芒市、下关、保山、昆明、贵阳、重庆等地分设的汽车修理厂担任修理机工。截至 1940 年 8 月，西南运输处先后设立了 21 个运输大队。

西南运输处运输大队的编队原则是：每个大队下辖 3 个中队，每个中队下辖

3 个分队，每个分队下辖 3 个班，每班管理汽车 5 辆，大队另设 1 个补充大队作为后备力量，每大队设大队长 1 人（中校或上校），共设官佐 40 ~ 50 人，驾驶兵 180 ~ 250 人，学兵 50 ~ 70 人，机械士 20 ~ 35 人，差役 30 ~ 50 人，每大队有官兵 320 ~ 450 人。一般是按车辆多少和行驶路线来决定人数。每个大队有车 102 ~ 180辆，总人员在 200 名以上，全部是南侨机工的六个大队共有车 1 152 辆，混编的其他五个大队不在此数。

（三）集中编队

1940 年 2 月，在南侨总会的推动下，西南运输处专门成立两个华侨运输先锋大队和一个抢运队，其主要任务是将缅北腊戍的军事物资运入国内。

早在 1939 年 3 月 21 日，马来亚槟城 31 位机工抵达昆明后，马来亚槟城机器行便委托香港华人机器会致函宋子良，表示“俾该队有团结努力之精神，而免语言障碍”，请求西南运输处将槟城机工“编为一队，集合在一地方服务”。但出于运输和管理的需要，西南运输处一开始采取了以南侨机工和国内机工混编的方法。1940 年初，为提高运输效率，南侨机工多次要求集中组队，原因是国内管理者和南侨机工之间因语言等障碍产生的摩擦对运力产生了一定影响。南侨机工第一先锋大队中队长张智源在《抗倭寇侨工洒热血　报中华赤子表丹心》一文中回忆道，南侨总会主席陈嘉庚多次要求将南侨机工集中编队：

> 陈嘉庚先生得悉后，除直接向重庆当局提出意见和建议外，先后派刘牡丹（南侨总会交际委员）、林斌华等到昆明和各公路线探望侨工，了解情况。林斌华先生来昆的任务，除了代表陈嘉庚先生看望侨工和了解情况外，更主要是筹组华侨先锋第一大队的工作。他代表南侨总会与中侨委员会和西南运输处协商（当时中侨委派驻昆明的是侨务委员会委员方之桢），经过多次协商和斗争，三方同意以归国侨工为主成立华侨先锋第一大队。

除了南侨机工及陈嘉庚的要求之外，抢运囤积在缅北腊戍的军事物资也是成立华侨运输先锋大队的重要因素。1940 年春，日本威胁法属越南，要求越南阻止中国军事物资由海防运入中国，同时，从海南、广州、南宁起飞的日本轰炸机频繁轰炸中国境内的河口等地，经越南的补给线一线面临极大威胁。1940 年 2 月，海防积存的中国货物已达 220 万吨。在此情况下，中国大批国外军事物资必须经仰光沿滇缅公路运至中国境内，从国外输入仰光的军事物资逐渐增加，进而使得缅北腊戍库房的军事物资越积越多，未能及时运至中国境内，仅靠雇佣商车运输已无力应对。于是，为解决缅北腊戍囤积的军事物资运入国境的问题，西南运输处决定成立两个华侨运输先锋大队。

华侨运输先锋大队所需车辆是由南侨总会发动南洋华侨社会购买的。1940年3月10日，西南运输处仰光分处主任陈质平为组建车队购买所需车辆而致函陈嘉庚。接到信函后，陈嘉庚迅速安排购买事宜。1940年5月16日，第一批16辆车在缅甸装配好后，于5月22日正式投入使用，并由西南运输处遴选能娴熟驾驶的南侨机工专门驾驶这些车辆。随后，西南运输处主任宋子良将该车队命名为“华侨运输先锋大队”（简称“华侨先锋大队”）。

图5－5　华侨运输先锋大队大队长刘贝锦（左）、副大队长连文瀛（右）

华侨先锋第一大队由南侨机工刘贝锦担任大队长，后调连文瀛为大队副；吴福华任第一中队长，蔡秀全任中队副；第二中队长为黄守琛，中队副为林熙庚；第三中队长信息阙如。大队部设车务3人、总务组5人、技佐2人、出纳1人，此外有会计员2人、政训员2人。整个大队从大队长到各中队长、分队长和大队部的干部，都是由“运输人员训练所”集训军官队学员担任，三个中队的180名驾驶员则是从各个运输大队的侨工中选调。全大队共200余人，除了大队部的会计、政训员和各队的炊事员外，其他都是侨工，主要驻扎在腊戍。

1940年7月，得知英国将要封锁滇缅公路3个月，为抢运在腊戍的物资，西南运输处于7月16日成立华侨先锋第二大队，由华侨机工连文瀛负责管理。据《华侨机工通讯刊》1940年第32期《华侨先锋大队奉命组织成立》载，当时西南运输处对该大队的具体安排如下：“本处华侨先锋第二大队，最近奉令积极组织，将原运输第十大队全部及其他一部分之华侨机工收编完竣，经于七月十六日正式成立，担任运输工作，内辖中队三，补充队一，大队长一职由总处遴选中，在大队长未委任之前，该大队一切事物，交由大队副连文瀛全权负责指挥。”

图 5－6　1939 年马来亚柔佛州第二批南侨机工归国服务团合影

三、民主管理　统筹兼顾

1939 年 9 月至 1942 年 5 月，主要是由西南运输处成立的华侨机工互助社管理机工生活，基本上解除了南侨机工的后顾之忧。后由于华侨机工互助社解散，由侯西反等人于 1944 年 1 月在昆明成立的“云南省华侨互助理事会”（简称“华侨互助会”）对南侨机工进行救助和管理。

（一）华侨机工互助社

1939 年 9 月 16 日，为管理华侨机工在中国的生活和解决机工遇到的困难，西南运输处在昆明正式成立“华侨机工互助社”，具体工作包括接转机工书信、设立娱乐设施、护送机工南返、为机工汇款等。初期，华侨机工互助社隶属“运输人员训练所”，1940 年 2 月 1 日，随着华侨机工互助社规模的扩大，为提高训练所所属华侨机工的福利，华侨机工互助社由西南运输处直接管理。

为规范管理，西南运输处制定了《军事委员会西南运输处华侨机工互助社章程》（简称《华侨机工互助社章程》），对入社资格、社员的权利和义务以及组织机构作了明确的规定，对参加者的政治意识、法律意识、日常行为作出严格要求，明确服务对象为西南运输处全体华侨机工。

华侨机工互助社社长由西南运输处主任宋子良兼任，主要负责综合管理全社事宜。同时，为便于管理机工，章程规定“聘请华侨领袖暨侨务机关长官为名誉社长”，副社长由西南运输处吴琢之和教育长张炎元兼任。

1. 组织机构与人员构成

华侨机工互助社实行“总干事”制度。章程规定其职责主要是“承正副社长之命办理本社一切事宜”。华侨机工互助社组织机构及人员的设立如下表：

表 5－2　华侨机工互助社组织机构及人员的设立情况一览表

职务	姓名	职能
总务部干事	唐宝方	
助理干事	何锡华	掌管华侨信件及汇款、文件收发
俱乐部干事	庞国器	管理阅览室、游艺室及运动器具
服务部干事	曾亨瑞	办理华侨机工请求之各项事项，如办护照及代侨胞缮写家书等
助理干事	张琼林	
指导部干事	李耐青	指导机工生活及与其进行精神谈话，并于 11 月 28 日增设编辑部
编辑部兼干事	冯承典	主编《华侨机工通讯刊》及负责一切通讯事宜
助理干事	陈继修	计划完成海外侨胞与本处侨胞机工之通讯网

资料来源：《华侨机工互助社成立经过及目前工作情况》，《华侨机工通讯刊》创刊号，1939 年 12 月 3 日。

由表 5－2 可以看出，华侨机工互助社设立总务部、俱乐部、服务部、指导部、编辑部等部门，各部设干事、助理干事各一人，主要负责华侨机工的信函及汇款收转、机工娱乐、办刊、解决机工在中国的困难等工作。

鉴于南侨机工的祖籍地多为闽粤等地，为更好地服务机工，华侨机工互助社人员主要由南侨机工、熟知闽粤语言文化的闽粤籍人士及云南当地的人员组成。

表 5－3 华侨机工互助社在职人员一览表（1941 年 10 月）

职务	姓名	来源地
总干（事）	李颂儒	广东梅县
代干（事）	杜濂	广东梅县
总务干事	钟清芳	广东梅县
总务助理干事	朱祖荣	云南剑川
	梅之花	江苏南京
福利助理干事	倪鸿声（机工）	南洋马来亚霹雳实兆达交通汽车有限公司
	林幼雨（机工）	南洋英属新加坡海山街 62 号思明西药房
会计干事	罗鉴熙	广东番禺
学术干事	杜有宣	广东梅县
训育干事	陈学卿	福建福州
	吴秀峰（机工）	南洋新加坡卫律九通脚车（自行车）店
体育干事	陈素磺（机工）	南洋新加坡绿街 158 号
雇员	蒋根盛	云南剑川
	傅尧民（机工）	南洋新加坡小坡大马路连城街口东成泰号
	潘为题（机工）	南洋马来亚霹雳宝竹林公司

资料来源：《华侨机工互助社 1941 年 10 月在职人员通讯录》，云南省档案馆藏，西南运输处档案，档案号：54－10－544。

由表 5－3 可以看出，华侨机工互助社的 15 名工作人员除了南侨机工外，主要来广东梅县、番禺，福建福州，云南剑川，江苏南京。① 其中，涉及南侨机工的福利、训育、体育干事及雇员等职务由来自南洋的 6 名机工担任，反映出南侨机工自我管理的特点。正如西南运输处副主任龚学遂所言：

关于本社组织，本人以为应当是完全民主的，由三千多位运输线上的机工同志，选举代表筹办，这样可以依自身的需要与利害来计划社务推进的方针，毫无隔阂的爱护它，扶植它，使它成为我们自己的园地。②

① 为便于管理机工，西南运输处曾专门派人到福建招募闽籍人员来管理机工。参见《西南运输处招募福建保育员报告（1940 年 3 月 9 日）》，云南省档案馆藏，西南运输处档案，档案号：54－22－31。

② 龚学遂：《本社成立的意义和希望》，《华侨机工通讯刊》1940 年第 11 期。

2. 成立要件

（1）满足南侨机工需求。南侨机工的家庭和亲属多在南洋，他们在中国期间需与南洋家属及亲人联系，主要方式便是信函来往以及邮寄物品、汇款等。此外，根据南侨总会制定的《机工服务公约》规定，在中国服务的南侨机工须定期向南洋家庭及筹赈会汇报在中国工作的情况。因此，需要设立专门的机构来处理以上事宜。

（2）南侨总会督促与推动。1939 年 8 月 3 日，受南侨总会委托，刘牡丹沿滇缅公路考察运输管理及南侨机工情况。他在随后提出的《南侨总会关于改进滇缅公路设备及机工待遇的建议书》中，提议在滇缅公路沿线设立信箱，分别由昆明与仰光、腊戍转寄机工信函。1939 年 12 月 7 日，南侨总会主席陈嘉庚致函仰光分处处长陈质平，指出南侨机工未能收到南洋家属的信函和汇款，同时，要求西南运输处解决南侨机工向南洋家属汇款的问题。

（3）军事运输与政治需要。西南运输处管理人员认为，除了对南侨机工进行军事训练外，还要做好对其生活方面的服务工作，以便发挥南侨机工在抗日运输过程中的重要作用。这主要是基于南侨机工身份的特殊性。云南省档案馆藏《国民政府军事委员会办公厅呈军政部函（1939 年 2 月 7 日）》《华侨机工互助会工作计划（1940 年 6 月 7 日）》指出，一方面，南侨机工“言语习惯等困难，难以在短时间所能克服”；另一方面，“侨工生长南邦，从来未履国门一步，或久居海外，长沐异地风光，对于祖国情形，不免生疏隔阂。而生活习惯以不无特殊之处，今虽返来祖国，实不啻于进入一陌生环境，而生活习惯以不无特殊之处”。为“指导其生活，协助解决其困难，使（其）能振奋精神，安心服务”，需要成立专门机构办理。此外，《华侨机工互助社章程》规定，华侨机工互助社的宗旨为“以坚强华侨机工正确意志，促进华侨机工对祖国之深刻认识，鼓励华侨回国服务，增加华侨之福利，暨砥砺华侨机工之学生行为”。可见西南运输处期望通过华侨机工互助社对南侨机工的管理，发挥轴心作用，凝聚侨心、汇聚侨力，增强他们的民族认同感。

3. 管理事宜

华侨机工互助社在解决机工生活困难、与南侨家属沟通中扮演着重要的角色，举凡书信收转、办理证明、消遣娱乐、牺牲机工丧葬等事宜，都由其负责。

（1）收转信函。

南侨机工的家属、亲友多在南洋，其回国后情形如何，多受家属、亲友所关注。因此，在军事运输之余，南侨机工最为关注之事便是收到南洋家人和朋友的信函。由于滇缅公路沿线没有设立邮局以及军事运输具有流动性的特点，南侨机工家属的信函必须寄至昆明的华侨机工互助社，由该社通知机工来昆明领取。

来自南侨机工家属的信函主要包括信件和汇款凭证。初期，华侨机工互助社收到机工信函后，由工作人员将信函的收信时间、收信人姓名、信函来源等信息统计后刊登于《华侨机工通讯刊》的《启示》栏目，以便告知在各地服务的南侨机工直接或委托他人来领取。后因书信太多，《华侨机工通讯刊》中的《启示》栏目难以将全部信函信息刊登，于是，华侨机工互助社每月印刷《南侨机工信件待领表》，并将其与《华侨机工通讯刊》一同寄至南侨机工所在大队。

此外，华侨机工互助社还根据机工工作地点的变动及时了解南侨机工信息，以便告知机工信函情况。1941 年 6 月 18 日，华侨机工互助社因积存侨工信函太多，亟须整理，但信函收信人车队驻地及侨工隶属队别都没有详细列明，特派干事倪鸿声到西南运输处核对南侨机工服务地点及人数名册，以便告知机工及时领取信件。

（2）解决实际困难。

在中国服务的南侨机工面临的是一个完全不同于南洋社会的人文环境，除了气候、饮食不适等问题外，因语言交流不便产生的困难是南侨机工面对的主要问题。[1] 20 世纪 30 年代，国民政府曾大力推行“国语”运动，但效果并不理想，云南省会昆明的通行语言仍以方言为主，而来自南洋的华侨机工，其语言多以闽、粤等地方言为主。虽然南洋的华侨教育得到迅速发展，但仍有一些机工不能书写中文和用“国语”交流。因此，在中国服务期间，南侨机工因语言交流障碍而导致的困难较多。表 5－4 所示为 1940 年 8 月 4 日、8 月 12 日和 9 月 8 日《华侨机工通讯刊》刊载的为机工解决的困难：

表 5－4　华侨机工互助社工作统计

代写报告	代写书信	发出或交涉汇款	代交涉困难者	缴送遗款者	时间
44 人	蔡高秋、李创赠、岑金福	王修甫、王侃、李创赠、蔡高秋、李家锦、赖邦耀	刘伙、易生成、陈亚德、冯耀枝	陈春香、容裕	1940 年 8 月 4 日

① 因部分南侨机工中文水平不高，训练所专门设班对其进行基本的中文识字教学。

（续上表）

代写报告	代写书信	发出或交涉汇款	代交涉困难者	缴送遗款者	时间
0人	赖询和、李林、吴明波、刘开、蔡慧华、黄轩、罗华、黄金干、陈亚珠、刘亚兴、曾金河、钟永安、杨星、陆泽、李德文、陈木轮、戴葵生、郑国全、邱瑞先	蔡慧华、李林、赖询和、黄轩、李家敦、刘开、吴明波、林星泉、罗华、冯耀枝	杨妈富、蔡志华、林文光、曾应黎、张亚美、李世、陈亚久、曹岳生、卢松贵、白润、叶玉彭、余享、孙相成、陈昌殷、许其章		1940年8月12日
2人	郑心燮、甄顺有	黄奕发、林书华、黄昌文、吴世光、郭伟泉	侯炳新、卢荣新、李九、陈庆余、李金、梁瑞春、杨炳茂		1940年9月8日

资料来源：根据《华侨机工通讯刊》1940年第32、35、37期整理。

由表5－4可以看出，华侨机工互助社为南侨机工解决的困难主要与其南洋家庭密切相关，具体包括：①为南侨机工代写书信和报告。由于许多南侨机工不会书写中国文字，因此华侨机工互助社定期派人到南侨机工工作地点或机工诊疗所代写家书和报告。②处理机工领取南洋家属汇款产生的问题。由于西南运输处提供给南侨机工的薪水不高，难以维持其在中国的生活，因此，在太平洋战争爆发前，部分南洋机工在中国的生活主要由其南洋家庭接济。因语言沟通不便，在领取汇款时，部分南侨机工与工作人员交流困难，因此，华侨机工互助社便为交流困难的机工办理取款交涉，包括为南侨机工提供取款身份证明；出现误领、冒领现象时，代南侨机工家属出面协商等。

（3）满足文娱需求。

在南洋期间，南侨机工大多养成了阅读书报的习惯。抵达中国后，南侨机工急需获得有关南洋的信息和工友在国内各地工作的消息。因此，为满足南侨机工阅读报刊的需求，华侨机工互助社首先在昆明设立图书室和康乐室，其次是创办刊物《华侨机工通讯刊》。

1940年3月1日，华侨机工互助社在昆明设立图书室和康乐室。图书室的书籍主要由社会各界人士捐赠，来源于中国书店、南洋报馆及个人收藏。1940年4月8日，昆明正中书局云南分局赠书57册。1940年8月1日，华侨机工互助社社员徐顺浩将自己存有的《西风》副刊两册、《西南边疆》两册、《天下事》一册、《宇宙》一册全部赠出。

1939年12月3日，《华侨机工通讯刊》在昆明创刊。由于该刊物主要是为南侨机工创办，因此其发行对象主要是西南运输处服务于各地的南侨机工。对于创办原因，《华侨机工通讯刊》在其创刊号的发刊词中作了说明：一是“侨工分散各线服务，互相通讯（信），至感困难，本刊为便利沟通消息而创刊”；二是“将返国侨胞之动态以及工作情况，介绍于南洋各地，使海外父老与我国机工，如获晤于一堂”。《华侨机工通讯刊》除刊登中国国内各报纸的信息外，华侨机工是其主要的撰稿者。

《华侨机工通讯刊》设有《本处要闻》《南洋要闻》《热流》《侨光》《小论坛》等栏目。其中专门设立的《侨光》栏目是“侨胞寄思表意之园地”。该栏目文章皆为南侨机工撰写，内容包括“学识之研究，诗歌、文艺之书写，小品，特写，以及生活状况之报道”。《信箱及编后栏》则专门告知各机工邮件情况，此外，该栏目还专门为华侨机工刊登新的变动地址，以便好友与其联系。除了寄发给南侨机工外，在南洋未被日本占领之前，华侨机工互助社还会定期将出版的300份《华侨机工通讯刊》寄至南侨总会。其后，又陆续寄给南洋各华文报馆，目的在于让南洋各地筹赈会及机工家属及时了解国内机工的工作状况等信息。该刊还刊登来自南洋各地的消息。南侨机工在工作之外，极为思念家中亲人近况，因此，华侨机工互助社呼吁南洋报馆、各地筹赈会、南侨机工家属将海外情形、南侨机工家庭现状等消息直接寄给《华侨机工通讯刊》。关于南洋消息的稿件因此成为《南洋要闻》栏目的重要组成部分。

简言之，《华侨机工通讯刊》的创办不仅为南侨机工提供了中国国内南侨机工的工作信息，满足机工阅读报刊的需要，而且满足了南侨机工在精神方面对南洋信息的需求。

（4）存放、代发物品。

①保存机工返国证件。1940年6月13日，华侨机工互助社管理人员交接《华侨机工护照移交清册》，该名册详细记录了互助社保存的1 551名南侨机工护照的信息。云南省档案馆藏《西南运输处华侨机工互助社现存华侨护照清册》，该清册目录按南侨机工姓氏顺序列出该姓氏华侨机工人数，以及该姓氏机工所存护照箱号、页码等信息。

②代为保存物品。在中国工作期间，南侨机工分散各地且随时调动，有的物品不得不寄存在华侨机工互助社。1943 年初，华侨机工互助社解散，因机工地址多有变动，华侨机工互助社不便发放，在侯西反的请求下，互助社将此类物品转交侯西反发放。表 5－5 所列为互助社移交给侯西反的南侨机工部分物品：

表 5－5　缅云南省总局移交华侨机工互助社寄存滇缅局庶务科物品清册

收件人	物品
郭坚忍	藤萝
温存文	大皮箱
黄玉田	大箱
吴辉耀	箱子
黎琼尹	藤箱、包裹
何满祥	大、小藤箱
吴钱民	小皮箱
李家春	藤箱、包裹
陈家庆	皮箱
谢如川	大皮箱
陈培	大皮箱
曾益生	大皮箱
黄天赐	大皮箱
温焕南	大皮箱
符气郁	皮箱、包裹
庞祥光	皮箱
蔡忠经	大皮箱
吴奋前	大皮箱
童祖辉	大皮箱
林成勇	大皮箱
龙慰文	大皮箱
符家祥	大皮箱
陈士光	大皮箱
颜金炉	大皮箱

（续上表）

收件人	物品
太平机工	皮箱（316 个）

资料来源：根据云南省档案馆藏的《缅云南省总局移交华侨互助社寄存滇缅局庶务科物品清册》（档案号：54－21－248）整理。

③发放物品。华侨机工互助社作为专门为南侨机工服务的机构，接受西南运输处安排，发放南侨总会捐赠给机工的物品是其重要职责之一。在机工返国之前，根据南侨总会和西南运输处的商定，南侨机工在中国所需的如蚊帐、棉衣等物品由中国政府负责置办，但机工抵达中国后，发现蚊帐、棉衣等生活必需品仅能满足少数人所需。于是，南侨总会迅速发动南洋华社置办，南洋各地捐赠的物品运输到中国后皆由华侨机工互助社代为发放。除蚊帐、棉衣外，互助社还代为发放来自南洋的其他物品，包括中山服、布帽卫生衣、棉背心、胶鞋灰袜、金鸡纳霜等。

（5）护送机工南返。

华侨机工互助社还负责南侨机工南返事宜，具体包括为南返机工办理证件和护送机工出国。南侨机工返回南洋原因各异，具体有：水土不服患病、运输途中受伤而国内不能医治、南洋家中变故如父母去世等请假，此外，还有少数人因被国民政府称为“行为不端不可造就”而被开除。

在机工南返之前，华侨机工互助社须为其办理南返手续、筹备费用等。以马来亚机工为例，根据外交部规定，南返机工的南返程序为先由南返者提供中国护照和英属马来亚居留证，再由华侨机工互助社到外交部驻昆明办事处集体办理签证，最后转英国领事馆签字后才可南返。而机工南返所需费用由西南运输处提供，南返路线为由昆明经缅甸仰光抵达新加坡。机工南返之时，华侨机工互助社派专门人员护送至新加坡。

据云南省档案馆藏《西南总处给陈嘉庚和侨委会遣回学生性别表（1940 年 2 月 3 日）》载，华侨机工互助社共护送三批机工南返。第一批由互助社工作人员马牛（南侨机工）护送，1939 年至 1940 年 1 月南返机工共 68 名，其中包括因“水土不宜，沾染重病”而中国医院不能治疗者 36 名，南返处理家庭事务者（父母病故等）24 名，“品行不良者”8 名。1940 年 4 月 1 日，华侨机工互助社派助理干事李卫民护送第二批机工南返，该批共有 32 名机工，大多是“积劳成病，或因水土不服而罹疾者，而且经已前数月请准长假南返疗养”。第三批获准的南返机工共 48 名，由互助社助理干事陈文峰护送，在办理南返手续后，1940 年 6 月 28 日，该批机工在互助社集中动身，由滇缅公路返回仰光。

（6）收容并推荐就业。

华侨机工互助社具有收容失业机工并为其介绍工作的职能。申请收容和重新就业者多为后勤部、复兴公司、交通部等单位的失业机工。1940 年 3 月，华侨机工互助社收容并为其介绍工作的机工情况如表 5－6 所示：

表 5－6　华侨机工互助社收容并为其介绍工作的机工情况（1940 年 3 月）

收容机工姓名	原来服务机关	申请参加运输原因
琼籍华侨机工杨俊广、孙家泰、王雄、彭真楚	新加坡筹赈会派往仰光复兴公司，旋被解雇，令南归	热心报国，非达目的不可，乃辗转来昆，请求参加训练，尽匹夫之责
第九批机工陈玉初	交通部修造厂，患病请长假来昆治疗	已痊愈，返国志在服务
侨生刘德庆	军政部后方勤务部贵阳汽车八连，患病在贵阳留医，后返昆在复兴公司服务	请假南返，因欧洲爆发战争，水路不通，请求重新工作
侨生许嘉情（荷属棉兰华侨）	服务中国红十字会	服务期满，道经昆明，侨务局介绍，激于爱国热忱
李（流）水	在腊戍第一大队工作，误交匪友，吸食鸦片被开除，在昆明禁锢，后被释放	误入歧途，每日三思深自愧，望体念，以后当痛改前非，决不再犯
谢志恩	先在第六大队，后在贵阳后勤部	来贵阳未派工作，认为尸位素餐，有负国家，请长假来昆，要求工作
符信初、李庭燕、冯亚书、王雄、杨俊广、林鸿陆	复兴公司	陈嘉庚回国时给予介绍来昆服务
蒋伟泉、林猷伟、林运江、莫泽林、吴正秋、周云锦、何启卿、冯汉深、汤振番	服务交通部机械修造厂第二修理工厂	水土不服请长假来昆，拟回本处继续工作（有请假批准证明）
姚文贵	后方勤务部（贵阳）陆军辎重兵汽车第三团八连三排	在贵阳车辆缺乏，罕有工作，终日无聊，志在运输，不愿虚度光阴

资料来源：根据云南省档案馆档案整理。

（7）协理殉职机工事宜。

根据西南运输处的安排，华侨机工互助社负责协助西南运输处营葬委员会处理殉职机工事宜，主要包括：①发放抚恤金；②处理后事。档案显示，华侨机工互助社与西南运输处员工公墓管理委员会共同处理殉职机工埋葬事宜。1940 年 9 月 20 日，由西南运输处员工公墓管理委员会将黄九水、陈玉湖、张修轮、施进宝四名病逝南侨机工葬入公墓，代为树立碑志，并将殉职机工埋葬信息寄给华侨机工互助社，由其将南侨机工葬地等信息及时告知南侨总会。

（二）云南省华侨互助理事会

1943 年 12 月底，华侨机工互助社宣布解散。在此之前，少数南侨机工因运输机构改组而多次被裁员。他们主要集中在昆明，因人地生疏而处于失业状态，而国民政府对他们的生活也难以顾及。在此情况下，1944 年 1 月 20 日，为解决南侨机工生活困难和联系分散各地的南侨机工，侯西反等人在昆明发起创建“云南省华侨互助理事会”，主动承担起救助机工和战后复员前期准备工作。

图 5－7　失业时期的机工衣衫褴褛

1. 创建过程

1942 年 5 月 5 日，随着惠通桥被炸断，滇缅公路的运输彻底中断，南侨机工在后方举目无亲，再加上东南亚地区也基本被日军占领，无法回去。此时，3 000多名归国南侨机工中除战死、病故，1 000多人失踪外，其余大部分人被派到印度去参与盟军军需运送，小部分人参加军事情报工作，200多人被分配到贵州、广西、四川等地工作，四五百人自谋出路，剩下的滞留在昆明，生活无着落。1943年9月底，侯西反从重庆抵达昆明，在与南洋侨胞的谈话中得知南侨机工现状，于是立刻召集华侨热心人士在昆明的福建会馆举行座谈会，决定在福建会馆成立临时接待站，收容贫困难侨，同时安排曾济仁聘请义务医师陈永祥等为病侨诊疗，施惠医药。其经费主要是向社会募集，但由于知道的人不多，规模较小，仅募得5万余元及少量药品，救济效果不甚理想。

图5-8　流落街头的机工及家属被收容在接待站里

与此同时，在昆明的南侨机工多数无固定居所，只能浪迹街头，露宿荒郊破庙，衣不蔽体、身形消瘦。1943年底，第一批南侨机工领队白清泉、胡凯军等40余人主动联系侯西反，希望与之协商解决南侨机工面临的困难。随后，侯西反与白清泉等在黄土坡安乐室召集部分侨工召开座谈会，商讨如何救济南侨机工。会议决定，首先在滇缅公路沿线调查和登记失业侨工信息，派白清泉、胡凯军、杨瑞文在昆明、下关、曲靖等地登记失业流浪侨工信息并分别施予救济。其次是募集救济经费25万元，除侯西反出售个人物品捐助15万元外，各侨工代表亦竭尽所能分担5万元。

图5－9　接待站条件简陋，机工们围坐在一起就餐

在侯西反的领导和在昆南侨机工的共同努力下，设在福建会馆的华侨收容所规模不断扩大，一共收容了120名难侨和南侨机工，其中，南侨机工成为被救助的主体。收容所的管理和培训任务主要由第一批南侨机工领队白清泉负责。

随着请求救助的南侨机工日渐增多，侯西反认为，救济事业必须得到政府的资助及社会人士的财力扶持，于是，他返回重庆，向国民政府请求拨款20万元以救济南侨机工。在侯西反的努力下，1943年12月7日，包括"旅滇福建同学会""旅滇南洋华侨互助会"等社团及驻昆社会各界热心人士在内的30余人，在昆明福建会馆发起成立"云南省华侨互助理事会"，发起函中强调要加强侨胞之间的联络和调动社会资源协助救济侨胞。云南省华侨互助理事会发起人名单如下：

龙纯曾、陈洪业、王毓敏、侯西反、胡凯军、黄诚彬、刘家驹、麦浪、郑亦庚、薛嘉僭、蓝宝良、赵子霖、陈仲山、连文瀛、苏响、钟林冠、黄铁耕、郑开易、冼德芬、林一峯（峰）、李孝旺、陈实甫、白清泉、曾济仁、余亚水。[1]

---

① 《滇省华侨互助理事会发起函（1943年12月1日）》，云南省档案馆藏，云南省侨务处档案，档案号：92－1－1。

图 5－10　设立于昆明南强街福建会馆的云南省华侨互助理事会

1943 年 12 月 30 日，侯西反再次返回昆明，决定发动昆明社会力量救助南侨机工，特别是邀请到在昆明的缅甸华侨胡春玉先生共同筹组云南省华侨互助理事会。1944 年 1 月 20 日，云南省华侨互助理事会在昆明的福建会馆正式成立，大会选举产生组织机构，推举侯西反为第一任理事长，理事会成员宣誓就职。全体理事会成员名单如表 5－7 所示：

表 5-7　云南省华侨互助理事会成员名单

职务	姓名	备注
理事长	侯西反	国民政府军委会咨议、南侨总会副主席
常务理事	刘绍虞、薛嘉膺	薛嘉膺毕业于福州英华书院，为福建旅滇同乡会理事长
理事	胡春玉、白清泉、杨问农、王文良、倪觉悟、詹先铣	
候补理事	曾济仁、叶猛、连文瀛、吴冠中	连文瀛系机工第四批总领队、交通部滇缅公路局视察、福建旅滇同乡会监事
监事	叶振中、陈仲山、黄铁耕	
候监	胡凯军、苏景明	

资料来源：《滇省华侨互助理事会发起函（1943 年 12 月 1 日）》，云南省档案馆藏，云南省侨务处档案，档案号：92-1-1。

从表 5-7 可见，云南省华侨互助理事会人员构成主要有四种：一是来自南洋且与机工本身有密切关系的人员，如理事长侯西反。二是本身为南侨机工且担任一定职务的人员，如白清泉为第一批南侨机工领队，连文瀛曾任华侨先锋运输大队副大队长。三是活跃在昆明的华侨领袖，如当时来自缅甸的华侨胡春玉。四是昆明福建会馆的商人，昆明福建会馆为闽籍商人集中之地，与祖籍为闽、粤的南侨机工在地缘上有纽带联系。此外，还有当时在昆明的社会各界热心人士。云南省华侨互助理事会参加人员的身份构成，为侨胞特别是南侨机工提供了服务保障。尽管该团体名称是云南省华侨互助理事会，但在侯西反的主持下，主要的服务和救济对象是南侨机工。

2. 经费来源

云南省华侨互助理事会作为一个社会民间团体，其运行的关键是经费来源得到保障。虽然国民政府有责任和义务救助为抗战作出贡献的南侨机工，但由于临近抗战胜利、财政困难等，难以顾及南侨机工的生活，因此，在侯西反的领导下，云南省华侨互助理事会救济机工所需经费大多是向社会募捐而来。表 5-8 为侯西反担任理事长期间云南省华侨互助理事会的经费来源情况：

表 5－8　云南省华侨互助理事会经费来源（1944 年 1—9 月）

捐款者/捐款来源	金额（元）
龙纯曾	1 500 000
黄克荣	200 000
侯西反	1 000 000
叶振中	100 000
胡春玉	800 000
钟述静	60 000
赈济委员会	750 000
林育才	60 000
交通部	25 000
张茂才	60 000
会费收入	64 000
梁耘	60 000
救济金	220 000
张西林	60 000
个别会员	740 000
白清泉	60 000
刘绍虞	款 200 000（另有生米 20 公担）
陈其仁	60 000
罗镜波	60 000
曾复重	60 000
总计	6 139 000

资料来源：侯西反：《滇省华侨理事会报告书》，《华侨先锋》1944 年第 11～12 期。

从表 5－8 可见，1944 年 1 月至 9 月，云南省华侨互助理事会向社会各界募集经费共计 6 139 000 元及部分物品。其经费主要来自三个方面：一是云南省华侨互助理事会的理事、会员费及个别会员捐款，如理事长侯西反个人捐款高达 100 万元。二是国民政府相关部门提供的经费，如赈济委员会捐赠 75 万元，国民政府交通部捐赠 2. 5 万元。三是昆明社会各界热心人士的捐款，如龙纯曾、叶振中等。

图 5－11　侯西反遗像

1944 年 11 月 10 日，侯西反乘机返回昆明途中飞机失事，不幸以身殉职，后由缅甸华侨胡春玉继任其职务。胡春玉担任理事长期间，云南省华侨互助理事会的活动经费主要有两个来源：一是举办活动募捐。1945 年 4 月 5 日，云南省华侨互助理事会邀请留昆剧人公演《斋文草》等剧目，共得 80 万元，经第十次理事会决议，该款存入银行作为理事会经费。二是由组成理事会的南侨机工成员个人负担部分经费。

3. 救助活动

云南省华侨互助理事会可称为当时昆明最为活跃、最有影响力的民间团体。据云南省档案馆相关资料统计，1944 年 12 月 31 日，其会员达 1 202 人。1946 年 1 月底，会员人数达 1 973 人。无论是侯西反领导时期还是胡春玉领导时期，华侨互助理事会均为南侨机工多方奔走，做了大量工作。

（1）组织管理机工。

在侯西反的组织下，云南省华侨互助理事会主动承担起在昆南侨机工的组织和管理工作。第一，加强机工之间的沟通和联系。华侨互助理事会把在昆明的

1 000多名南侨机工划分为七个区组织联络，各区聘区长一人，区下分为若干队组，各区侨工互相扶持。第二，救治患病机工。鉴于患病机工较多，华侨互助理事会聘请昆明名医陈永祥、黄有鸾为患病机工诊疗，并发放药品。第三，设立娱乐设施。如设立康乐室，提供图书、弹子球等，开展康乐活动，并组建南侨机工排球队、洋拳组、粤剧团等。第四，保护南侨机工合法权益。鉴于机工多不熟悉国内情形，容易被人利用，侯西反专门聘请马达夫律师为顾问，保障机工合法权益。

（2）救济失业机工。

①抗战胜利前。据《滇省华侨理事会报告书》记录，截至 1944 年 9 月 30 日，由侯西反领导的云南省华侨互助理事会共收容和训练南侨机工 207 人，后将其派至滇缅公路运输局（简称“滇缅运输局”或“滇缅局”）、川滇东路、昆明及下关等地承担运输工作。对失业侨工的具体训练情形如表 5－9 所示：

表 5－9　云南省华侨互助理事会收容失业侨工训练情形

期别	收容训练人数	训练后去向
第一期	107	训练后送 20 人入滇缅局服务，余下 87 人送交通部黔西训练所受训 2 个月，再分送川滇东路及西南公路局等机队服务
第二期	50	训练 1 个月分送滇缅局昆明段及下关段服务
第三期	50	训练 1 个多月送滇缅局，再训练 2 个月组织华侨运输中队，留滇缅局服务

资料来源：侯西反：《滇省华侨理事会报告书》，《华侨先锋》1944 年第 11～12 期。

值得一提的是，为确保训练后的南侨机工重新上岗，侯西反多次与国民政府滇缅运输局交涉和协商，为南侨机工重新上岗费心费力。在第一期收容的南侨机工训练结束后，云南省华侨互助理事会迅速训练第二期。1944 年 3 月 29 日，侯西反在飞往重庆之前，还致函滇缅运输局局长葛沣，请求优先录用南侨机工。1944 年 4 月 5 日，侯西反再次致函滇缅运输局局长葛沣，告知滇缅运输局第二期训练的机工人数，并请求滇缅运输局派人到华侨互助理事会考核及接领合格人员。

表 5 - 10　云南省华侨互助理事会第二期培训机工个人信息

批次	姓名	在中国运输经历
三	郑多光	西运处第十二大队，腊戍西运处钞票队
二	吴新雷	西运处第十一大队及华侨先锋队
三	李亚珠	西运处第十二大队及中缅局
四	张盛顺	西运处华侨第一队第二中队
三	陈介夫	西运处第十二大队补充队，华侨第一大队
一	叶运清	西运处修车队及第十二大队抢运队，滇缅铁路
四	吴恒堂	西运处第十二大队，中缅局第一大队补充大队，滇缅局稽查大队
三	彭家庆	西运处第十二大队，中缅局第一大队补充大队
四	汪亚权	西运处总厂机工先锋第二大队
三	林长寿	西运处第十一大队
三	丁进荷	西运处第五大队第五补充队
八	吴亚临	西运处第五大队第五补充队
四	许来水	西运处第五大队，中缅局钞票队
九	林国民	西运处华侨先锋第一大队，中缅局钞票队
五	郑世泉	西运处第九大队，华侨先锋第二大队
三	方业松	西运处第一大队，美国陆军供应处
五	陈明发	西运处第十四大队及钞票队
六	马祖庆	西运处第十四大队抢运队及资源委员会
五	陈容	西运处第十四大队
三	何有	西运处第五大队
二	汪天成	西运处第七大队及华侨先锋第二大队
四	张观生	复兴公司及交通银行
十	王声桐	西运处第十二大队，后方勤务部八连
四	林森裕	华侨先锋第一大队
八	谢来发	华侨先锋第一大队
三	杨全	西运处第十二大队，中印队，中缅局第二大队
一	蔡亚昌	西运处第二大队，中缅局八莫队，滇缅局第十大队
九	邱树华	西运处芒市车厂及昆明总站
四	包亚细	西运处技术科

（续上表）

批次	姓名	在中国运输经历
缅归侨	梁祺玉	军委会通知局，汽车配件委员会，整车厂
缅归侨	林润德	八莫修车厂
缅归侨	杨威	西南修车厂

资料来源：《第二期培训机工个人信息表》，云南省档案馆藏，西南运输处档案，档案号：54－21－247。

经过云南省华侨互助理事会特别是理事长侯西反的多次努力争取，滇缅运输局派员接收华侨互助理事会收容的南侨机工。经过滇缅运输局严格考核，最后录用43名，其中修理工8名、司机35名，主要在昆明（修车厂）和下关两地工作。后因当时昆明黄土坡修车厂人员需求大，机工不足分配，除原来录用的8名机工外，又增加10名机工。

云南省华侨互助理事会培训的第二期南侨机工被滇缅运输局接收后，1944年5月15日，侯西反再次致函滇缅运输局局长，告知“本会调查失业之侨工为数尚多，已到本会登记者六七十人，倘能分别录用，本会当循序按照报名先后顺序审查之”，侯西反认为“现军运方面，料必需要大批司机、机工，贵局能调用若干，本会随时可以遵命收容训练，分配送上”。① 滇缅运输局收到信函后，命令各段处上报各地需求的机工数量，随后接收华侨互助理事会培训的第三期机工50人。

收容和培训机工的费用和训练物品是由侯西反向国民政府和社会各界募集而来的。其中，赈济委员会拨款三次，共75万元，交通部援助2.5万元。训练地点由福建会馆借予；训练所需物品由募集而得，其中黄克荣捐内衣100件，军政部昆明军需局发旧棉衣500套，红十字会及云南省卫生处捐赠药品若干；训练人员由机工白清泉、胡凯军、邢明、包崇章、郑开益、陈洪业、黎继信等义务担任。

②抗战胜利后。当时，四川、云南、贵州等地失业侨工较多，他们大多流离失所，亟须救济。1946年1月9日，为使机工免受挨饿受冻之苦，云南省华侨互助理事会将300名失业南侨机工名单及救济申请分呈善后救济总署、侨务委员会、海外部等政府部门，呼吁救济机工。1946年1月15日，根据善后救济总署安排，云南社会处发放大米救济南侨机工，但还是解决不了南侨机工基本的生活

① 《侯西反致滇缅运输局函（1944年5月15日）》，云南省档案馆藏，西南运输处档案，档案号：54－21－247。

保障问题。于是，华侨互助理事会决定设立招待所，把救济的人聚集在一起，让他们有地方住、有饭吃、有事做。华侨互助理事会首先与昆明社会处和侨务处协商，决定派人到重庆向国民政府请愿，要求解决机工生活问题。经过协商，国民政府同意设立机工招待所，由昆明社会处、昆明市政府、昆明警务处、华侨互助理事会来共同管理机工生活。

1946 年 5 月 10 日，南侨机工招待所在昆明昆沙公路观音寺成立，临时以该寺作为南侨机工居住的地方。虽然南侨机工招待所由昆明失业侨工招待委员会管理，但实际上的管理和救济工作由华侨互助理事会负责。在南侨机工招待所，失业侨工过着集体生活，每日定时起居，上午补习华文、英文和巫文（马来文），下午制作藤品、竹器，实行“以工代赈”。

云南省华侨互助理事会除了让失业侨工自己动手以换取少量招待所经费外，其余经费来源主要是社会各界捐赠。1946 年 5 月至 1946 年 10 月，南侨机工招待所经费来源如表 5－11 所示：

表 5－11　南侨机工招待所经费来源（1946 年 5—10 月）

部门	金额（元）
侨务委员会	2 000 000
战时运输局	2 000 000
云南社会处	750 000
社会部	8 000 000
外交部拨南侨总会捐款	14 794 500
柔佛、峇株巴辖	1 515 150
总计	29 059 650

资料来源：邱新民：《艰难的行程》，新加坡：文学书屋 1985 年版。

由表 5－11 可以看出，1946 年 5 月至 1946 年 10 月，南侨机工招待所共募集经费 29 059 650 元。其中，除了国民政府如侨务委员会、战时运输局、社会部拨款外，来自南洋的捐款也是重要的组成部分，如经外交部转交南侨总会的捐款为 14 794 500 元，是最大的一笔捐款，此外，来自南洋柔佛、峇株巴辖华侨社会的捐款高达 1 515 150 元。

（3）接收和保管物品。

滇缅公路畅通时期，南侨机工随身携带的护照和行李主要由西南运输处创办的华侨机工互助社保管。1943 年 5 月 11 日，中缅运输局撤销，国民政府成立滇缅运输局，华侨机工互助社也随之撤销，南侨机工的物品也被移交至滇缅运输局，而滇缅运输局决定不再继续保存南侨机工物品而让机工自己保存，但因不熟悉各南侨机工地址而难以发还。侯西反得知这一消息后，于 1944 年 2 月 19 日致函滇缅运输局请求代管。1944 年 3 月 4 日，滇缅运输局同意侯西反保存和代发机工物品的请求。1944 年 3 月 15 日，原华侨机工互助社理事会杨励吾与侯西反办理物品移交手续，移交给侯西反的南侨机工物品包括：证件、信函以及部分南侨机工的个人生活用品，其中证件和信函包括护照 391 件、荣誉章 24 个、无法投递的信件 152 封。此外，还包括南侨总会寄给机工的生活用品，如表 5 – 12 所示：

表 5 – 12　滇缅公路运输局移交南侨总会的慰劳品

种类	数量
卫生衣	167 件
袜子	780 双
中山装衣	39 件
中山装裤	23 条
蚊帐	70 顶
蓝秋衣	32 件
棉背心	144 件

资料来源：《滇缅公路运输局移交云南华侨互助会华侨机工寄存物品清册》，云南省档案馆藏，西南运输处档案，档案号：54 – 21 – 248。

经侯西反与滇缅公路运输局协商，1944 年 4 月 8 日，滇缅运输局庶务科再次移交给侯西反 416 名机工寄存的物品，主要是他们来中国时所携带的皮箱等，皮箱中存放了他们复员和南返的重要证件。

（4）解决机工子女教育问题。

在中国服务期间，部分南侨机工在中国建立家庭并育有子女。据华侨互助理事会统计，仅在第二期登记的 251 名南侨机工中，就有 104 名机工在中国结婚并育有子女，子女数 86 人。1944 年 1 月 20 日，华侨互助理事会在昆明创办侨光小学，以解决这些儿童的教育问题。

侨光小学创办之初，校址暂借在昆明福建会馆内，后由昆明社会人士龙存会先生捐款 150 万元，修建全部校舍。学校聘请西南联合大学毕业的梁佑贤（泰国华侨）女士为校长，有教职员 6 人。设立初小一至四年级及预备班共 5 个班，在

120 个学生中，3/5 为侨童；第二学期，随着学生数量的增加，开始办完全小学，学生数突增至 254。1945 年上半年，学生数达 312，有 8 个班级，教职人员 14 名，开办学校的经费主要由华侨互助理事会向社会募捐，第一学期开支 150 万元，第二学期含校舍建筑费及日常开支共 420 万元。

此外，云南省华侨互助理事会在战后复员中也做了大量工作，如复员登记、向国民政府交涉复员、代发证书和奖金等，在机工复员南返中扮演了不可替代的角色，详见下文介绍。

总之，在抗战胜利前后，云南省华侨互助理事会在服务和救助南侨机工过程中发挥了重要作用。可以说，云南省华侨互助理事会是南侨机工抗战胜利前后的集结中心，也是在中国维护南侨机工利益的代言人。诚如侯西反所言："凡有利于机工者，无不竭力以赴。"

四、分段抢运　有条不紊

1938 年 10 月，广州、武汉被日军占领，中国国外军事物资补给线移至西南地区。其路线主要有两条：一是经越南海防至中国广西、云南边境后，再经滇越铁路或广西公路运入国内。在广州失陷后，军事物资补给主要经过此线路。初期，法属越南政府允许中国军事物资过境运入中国，然而，1939 年 12 月，在日本政府的威胁下，法属越南政府改变态度，仅同意该路线转运普通物资。法国向德国投降后，在日本政府的再次威逼利诱下，1940 年 6 月，法属越南政府禁止中国经越南进行物资运输，该补给线被彻底切断，被迫西移至滇缅公路一线。二是经仰光至昆明的国际补给线。该路线的起点是印度洋港口仰光，军事物资由铁路连接运入缅甸北部的城市腊戍，然后沿滇缅公路抵达昆明。经越南海防的国际通道被切断后，滇缅公路在中国抗战中的地位凸显，成为经历时间最长、规模最大的军事物资陆路运输孔道。

中日战争时期，为使军事物资运输达到实际功能和效用，运输部门的首要任务是把军事物资及时运输到所需地区，如中日对峙的前线附近以及重庆、昆明、贵阳附近的兵工厂。由表 5－13 可见运输统制局[①] 1941 年 1 月对西南运输处运输兵工署物资的运量安排：

① 1940 年初，国民政府成立运输统制局，其主要职责是为兵工署运输来自国外的军事物资和兵工署所需的制造武器的金矿原料，俞飞鹏直接指挥和协调西南运输处运输军事物资。

表 5 – 13　滇缅沿线兵工署物资运量安排（1941 年 1 月）

公路线	起至段落	里程（公里）	往返时间（天）	运输部门	车辆数量（辆）	运输重量（吨）
滇缅线	八莫、腊戍至畹町、遮放	210 232	5	—	—	—
	畹町、遮放、芒市至保山	933	20	—	—	—
	畹町、遮放至保山	293 258	6	西南运输处	96	1 200
	保山至平彝	918	8	西南运输处	279	1 200
川滇线	昆明至泸县	915	20	—	—	—
	马龙至泸县	787	15	西南运输处	31	500
	昆明至重庆	1 150	22	西南运输处	—	125
昆筑、昆渝线	昆明至贵阳	612	12	—	—	—
	平彝至贵阳	425	18	西南运输处	162	1 250
	贵阳至重庆	488	10	西南运输处	41	250
	贵阳至桐梓	221	5	西南运输处	4	50
	贵阳至遵义	157	3	西南运输处	15	300

资料来源：《运输统制局运量安排表》，云南省档案馆藏，西南运输处档案，档案号：54 – 31 – 4819。

从表 5 – 13 可见，运输统制局规定西南运输处运输的物资主要是兵工署物资和西南运输处自身所需的物资。1941 年 1 月至 6 月，西南运输处承担了运输全部兵工署物资的任务，共 13 200 吨，平均每月达 220 吨。军事运输任务包括国际物资的接转和进入国内物资的内运，即运输人员不仅需要将积存在缅北的军事物资运入中国境内，还担负着将军事物资运至国内各地乃至中日军队对峙前线附近的任务。运输路线基本上涵盖滇缅、川滇、昆筑、昆渝线西南陆路交通线。

由此可见，滇缅公路畅通时期（1938 年 12 月至 1942 年 5 月）国外军事物资运输程序如下：①来自国外的军事物资抵达仰光后，西南运输处仰光分处与兵工署协调，通过铁路运输至缅北的腊戍、八莫等地，保存在腊戍、八莫等地的中国军事物资仓库。②把军事物资从腊戍运入中国云南边境的遮放或芒市等地的仓库，此段的运输以由南侨机工组成的两个先锋大队为主力，有时政府会雇佣缅甸政府商车和缅甸华侨梁金山车队共同运输。③前线急需的物资直接运抵昆明外，大多数物资是在接受兵工署的运令后运至滇缅公路沿线的重要城镇，如龙陵、保山、下关等地，然后运抵滇缅公路终点——昆明。④根据兵工署命令，沿川滇、昆筑、川渝线等公路运至重庆、贵阳或前线附近地区。

表 5－14　遮放兵工署库房运出物资（1940 年 7 月 5 日）

运令号数	运往地点	押运员姓名
10	下关至保山	王肖松
11	遮放至龙陵	杨又生
12	保山至下关	张保林
17	遮放至昆明	梁坚
19	芒市至龙陵	汪日星
45	遮放至保山	张守薪

资料来源：《遮放库房运输物资情况》，云南省档案馆藏，西南运输处档案，档案号：54－31－4819。

通过以上分析可以看出，这一时期中国军事物资运输具有以下特点：一是运输路线网络化。以各公路线的重要城镇为点，构成一个用点、线组成的运输网络。重要节点包括腊戍、遮放、保山、昆明、贵阳、重庆等重要城镇；运输路线涵盖整个西南重要的公路交通线，包括连接缅北腊戍至昆明的滇缅公路，昆明至重庆的昆渝线，昆明至泸县（1950 年后改称“泸州”）的川滇东路，昆明至贵阳的昆筑线。二是运输方式以接转和分段运输为主。运输里程较远且耗时较长，如距离最长的昆明至重庆的1 150公里的公路，有的路线往返时间需 20 余天，因此，除有特殊情况直接从滇缅边境的遮放直达昆明外，大多是分段运输，采取接转方式。三是对运输人员的素质要求较高。军事物资运输人员不仅需要具备高超驾驶技术，而且需要有过人的胆识和勇气。原因是有时所安排的任务需长途跋涉，有的甚至需要奔驰上千公里，往返时间较长。高强度的运输任务和紧张的生活，加上有时穿越在气候及卫生条件恶劣的地区，需要运输人员具备坚强意志和长久耐力。此外，运输人员还必须遵守严格甚至苛刻的运输制度，西南运输处对运输人员装卸时间、返回物资的运输、惩罚等方面作出了严格规定：

每车队应照规定运量完成任务，六小时内装卸完毕，如特殊情况不得超过一天，运后应装返回物资，低于规定分别予以奖惩，每日奖给国币两角，如延误时间，每天处罚一元。[1]

简言之，西南运输处对南侨机工投入运输前的培训不仅使其迅速适应了战时环境，而且培养了他们集体化、军事化的生活方式；随后对南侨机工的编队与管理也使他们的优势和特长得以最大限度地发挥；华侨机工互助社和云南省华侨互助理事会的成立则基本解决了南侨机工的后顾之忧。这一切都为南侨机工在艰苦环境下开展军事物资运输及其他抢运工作奠定了重要基础。

① 《机工运输奖惩办法（1941 年 3 月）》，云南省档案馆藏，西南运输处档案，档案号：54－31－7002。

第六章 抢运孜孜：轮盘昼夜不停

1939 年至 1946 年，是抗战最为艰难的一个时期，滇缅公路也一度成为中国与外界连通唯一的陆上交通线。当时中国的军工企业落后，只能生产轻型武器，而前线急需的大炮、坦克等重型装备，则要依靠国际援助或对外购买。从缅甸到昆明，当时国内无力生产的汽车坦克、枪炮子弹、汽油钢材、药品纱布等维系几百万将士抗战所需的国际援助物资，均有赖这条道路运输。

图 6－1　繁忙的抗战物资运输

据统计，从 1939 年到 1942 年，滇缅公路共抢运约 50 万吨军需物资、1.5 万辆汽车及其他大量物资，其中大部分是由南侨机工运送的。就西南运输处运输人员构成来看，南侨机工构成了各大队的核心力量。特别是在龙陵以西滇西地区的保山、下关等地，中缅边境地区的遮放和缅北腊戍的运输人员几乎全是南侨机工。除了小部分国内管理人员外，第十一、十二、十三、十四、十六等大队，两个华侨先锋大队以及抢运队，皆由南侨机工组成。由此可见，南侨机工是滇缅公路运输的主力军。当时南侨机工驾驶的主要是雪佛兰、道奇、福特牌卡车，运输的物资主要是汽油和军火，也有一些抗战后方需要的生活必需品。他们不仅将国外援华军事物资接转至滇西一带，还承担将军事物资运至前线的任务。1942 年 5 月滇缅公路中断后，中美开辟“驼峰航线”运输军事物资，南侨机工旋即承担了“驼峰航线”物资接转任务，经航线运入祥云、沾益、陆良等中国机场的军事物资，主要由南侨机工负责运输。

图 6－2　南侨机工在运输途中

在承担军事物资运输任务之时，南侨机工随时面临恶劣的自然和社会环境的挑战，但他们不畏艰难、任劳任怨，抱着为祖国抗战的坚定信念，顺利完成了国民政府安排的运输任务。可以说，正是南侨机工的高效运输，使中国战场所需物资及时得到补给，他们的功绩正如《南侨机工之歌》所唱：

三千先锋机工队，百万海外赤子心。滇缅公路穿梭急，抗日战线运输兵。弃家为国好男儿，舍命击寇真精英。前曲悲歌千滴泪，青史勿忘嘉庚情。

一、交通无阻　按序运输

自 1938 年 12 月底滇缅公路正式通车至 1942 年 2 月，为滇缅公路畅通时期。此一时期，西南运输处承担了国外接转和国内运输的繁重任务。在西南运输处的组织管理下，作为滇缅公路运输的主力，南侨机工经受了极度的锤炼，除了高强度、紧张的抢运外，还得面临种种生命危险。据《新华日报》1941 年 1 月 27 日报道，自滇缅公路通车之始，南侨司机就做了开路先锋，他们驾车驶至芒市、遮放一带，遭遇流行的恶性疟疾，每日平均死亡七八人，尽管如此，多数南侨机工依然保持乐观的心态，与滇缅公路上的其他同行相比，他们显得格外不同。除南侨机工外，当时还有福星公司航空委员会下的运输公司、杜聿明掌管的运输大队等，整个在滇缅公路上运输的车队人员有 20 多万，但是，在这些人当中，人们一眼就能认出那些来自南洋的司机们，因为他们总是那么讲究，头发总是梳得整整齐齐的。据南侨机工翁家贵回忆，他们晚上睡觉的时候会用从当地少数民族妇女那里买来的网兜把头发扎起来，睡觉时也不会散乱。他们还每天洗澡，对个人卫生极为讲究。人们喜欢称他们为辣椒头，因为他们喜欢给头发打发蜡，头发都是往后边梳的，很光亮。其实对于他们而言，在远离家乡、出生入死之时，精心打扮自己，注意自身形象，这是一种对自身生命的尊重。

图 6－3　机工们风餐露宿，生活简朴

南侨机工沿羊肠式急坡弯道渡涧跃溪，翻山越岭，穿桥梁涵洞，跨沿途江河，越重峦叠嶂；敌机白天轰炸，他们就夜间行车；遇到奇寒天气，他们披毛毯驾驶；天热时，则袒胸露背行车；干粮吃完了，就一路讨食；缺水极渴时，则取泥浆水澄清解渴，或将汽油桶上积蓄的雨水煮沸解渴。尽管不断有同伴在战火中倒下，但南侨机工并没有退缩，在这条“死亡之路”上，他们载着军需物资，伴着日寇轰炸，驶过险路危桥，在时常塌方翻车的崇山峻岭间日夜不休，风雨兼程。具体而言，这一时期他们的运输任务主要有以下方面：

图 6－4　英姿勃发的南侨机工

图 6－5　危险频发

(一)军事运输

1938年底至1942年5月，南侨机工成为国民政府兵工署物资运输的主要承运者。自从中国东南沿海被封锁后，为确保中国抗战所需国外军事物资补给，国民政府经过艰难的外交努力，通过多种方式①从美、英等国购买到军事物资，这些物资运输的任务艰巨而繁重。特别是1940年10月18日，被英国封锁3个月后的滇缅公路重新开放。一方面，因滇缅公路关闭而造成中国军事物资缺乏，尤其是兵工署下属兵工厂②武器生产原料亟待补充。如1942年1月，兵工署最大兵工厂21厂库存原料告急，时任兵工署署长俞大维请求运输统制局俞飞鹏优先运输兵工署生产武器原料，以确保兵工厂的正常开工。另一方面，大批从国外进口的兵工署物资积压在缅甸南部的仰光、北部的腊戍和八莫等地。由上可见，这一时期军事物资的运输需求迫切，南侨机工由此进入紧张的抢运时期。现居昆明的中国远征军老兵杨毓骧在接受笔者采访时，谈到其对南侨机工运输军事物资的印象：

当时我在保山省立第三中学读初中，年龄有11岁，我正上初中，没有和南侨机工交谈过。但是每天放学时我们都能看到大批繁忙的运输队伍经过保山，有时候也看到他们在路边煮饭，说着我们难以听懂的广东和闽南方言。

据云南省档案馆藏《兵工署物资汇总表（1941年7月）》记载，仅在1941年1—7月，兵工署一共从国外进口物资13 200吨，平均每月进口约1 900吨。

1. 运输路线

中日战争期间，特别是相持阶段，西南运输处作为军事物资的运输机构，其职责主要是确保军事前线武器损耗得到及时补充和供应国内兵工厂生产军事武器所需的原料。根据运输统制局的安排，西南运输处主要承担兵工署物资的运输任务，云南省档案馆藏《西南运输处饬知1940年10月18日起各段运量安排(1940年10月)》记载了西南运输处对各大队运输兵工署物资作出的安排：

华侨先锋第一、二大队及第九大队，行驶畹町至保山，兵工署七百吨；第

① 中国从美国获得武器主要是通过桐油借款、铜锡借款等方式。参见章百家：《中国为抗日寻求外国军事援助与合作的历程》，《中共党史研究》2007年第5期。

② 抗战爆发后，国民政府在沿海的兵工厂逐渐西迁，兵工署直辖的兵工厂共16个。1940年后，国民政府又在后方新建了8个兵工厂。具体参见唐润明编：《抗战时期的重庆兵器工业》，重庆：重庆出版社1995年版，第80页。

一、二、五、十一、十四、十六大队行驶保山至马龙，兵工署物资一千三百五十吨；第十七、十八、十九、二十大队行驶马龙至泸县，兵工署九百吨；第三大队行驶贵阳至重庆，兵工署物资三百四十吨；第七大队行驶马龙至贵阳，兵工署物资一百六十吨；第十一、二十一大队行驶昆明至宣威，兵工署两千吨；第九、四、六、八大队行驶原来路线。

图6－6　各种抗战物资运输有序

从以上安排可以看出，兵工署军事物资的运输须经站点且分段转运才能完成。其运输路线主要有三条：一是畹町—保山—马龙—泸县—贵阳—重庆；二是马龙—贵阳；三是昆明—宣威。昆明、贵阳、重庆、泸县等的收货者是所在地兵工厂。此次运输的人员主要有华侨先锋大队和16个大队的全部机工，南侨机工是运输的主要力量。

除了运输物资的数量外，还应以运输距离来作考量，主要是因为军事物资运输是分段进行的，而且运输距离不同，如畹町—保山段与贵阳—重庆段的运输距离就大不一样。正如时任西南运输处昆明总处秘书冯君锐所言，南侨机工运输军事物资，“如仅计入境的运量，不计国内抢运、转运的工作量，则南侨机工的血汗（被）抹杀了一半”①。

1940年12月，运输统制局安排西南运输处将存放在缅甸腊戍的7 500吨军

① 冯君锐：《西南运输处始末》，政协西南地区文史资料协作会议编：《抗战时期的西南交通》，昆明：云南人民出版社1992年版，第44页。

事物资运入中国云南的遮放、芒市等地。西南运输处对兵工署物资的运输安排如表6－1所示：

表6－1　西南运输处对兵工署物资运输安排表

货主	路线	数量（吨）
兵工署	畹町或遮放至保山	600
	保山至昆明	1 200
	马龙至泸县	500
	昆明至重庆	250
	昆明至贵阳	1 250
	贵阳至桐梓	50
	贵阳至遵义	300

资料来源：《快邮代电：本年12月份抢运及滇缅线物资吨位重庆分处览》，云南省档案馆藏，西南运输处档案，档案号：54－31－7002。

南侨机工与国内管理人员协调配合，克服困难，顺利按时将物资运抵目的地，表6－2为档案记载的1940年12月各运输大队的任务完成情况：

表6－2　1940年12月各段运输完成情况

起止段落	行驶车队	物资种类	数量（吨）
畹町至保山	华侨先锋第二大队	原料	600
保山至马龙	第一大队	火药引信及炸药	800
保山至楚雄	第二、五、九大队	TNT炸药	400
下关至马龙	第二十一大队	炸药	400
马龙至泸县	第十二大队	原料	500
平彝至平坝	第十四、十五大队	成品	100
马龙至贵阳	第七大队	炸药	250
贵阳至遵义	第三大队	成品	300
贵阳至桐梓	第三大队	原料	50
贵阳至重庆	第三大队	炸药	50

资料来源：《西南运输处致重庆分处12月运输情况》，云南省档案馆藏，西南运输处档案，档案号：54－31－7002。

1941 年 1 月，日军频繁轰炸滇缅公路以阻断中国运输军事物资。据云南省档案馆藏《三十年本处运量分配表（1941 年 5 月）》可知，为满足前线对军事物资的需求，运输统制局规定，西南运输处除运输自身所用油料之外，主要运输兵工署物资。同时规定，从 1941 年 1 月初至 5 月初，西南运输处每月须完成 2 200 吨军事物资的运输任务，目的地主要是战争前线附近及兵工署下属兵工厂，共计 8 800吨。为完成运输任务，西南运输处对下属各大队每月的运量作出详细安排，内容包括运输路线、运输吨数、车队及汽车数量等，见表 6 – 3：

表 6 – 3　1941 年 3 月西南运输处规定各线运量分配表

货主	段落	里程	吨数	车数	车队
兵工署	畹町至昆明	959	100	26	第十六大队
	畹町至保山	292	800	65	第十五大队
	遮放至保山	253	400	12	华侨先锋第一大队
	保山至昆明	668	250	44	第一大队
	保山至下关	256	600	40	第十四大队
	保山至马龙	197	500	100	第二十大队
	昆明至宣威	258	300	10	第十二大队
	平彝至遵义	582	200	30	第四大队
	马龙至宣威	306	400	15	第十二大队
	宣威至泸县	654	350	58	第十七大队
			350	58	第十八大队
	马龙至贵阳	532	340	55	第四大队
	贵阳至重庆	488	300	50	第三大队
	长悉至重庆	1 051	500	50	第十大队

资料来源：《西南运输处规定运量统计表》，云南省档案馆藏，西南运输处档案，档案号：54 – 31 – 7002。

由保山、畹町、遮放出发的第一、十四、十五、十六、二十大队以及华侨先锋第一大队成员皆为南侨机工，其他执行任务的大队也主要由南侨机工组成。

2. 物资种类

南侨机工运输的军事物资主要包括两类：一类是成品武器，主要有大炮、枪械、子弹等。成品武器须直接运往昆明，然后由昆明运至抗日前线战场附近的作战部队。另一类是半成品军事材料，主要是兵工厂生产武器装备所需的配件以及硝石、甘油等制造武器的原料。

（1）成品武器。

表 6－4　昆明兵工署军火存货清单（1939 年 9 月至 10 月）

军火型号	9 月下旬存货		10 月上旬运出	
	箱数	重量（公斤）	箱数	重量（公斤）
7.62mm 子弹	2 066	39 806.76	2 066	39 784.962
2cm 机关枪子弹	4 686	110 513	4 686	99 466.251
79ss 子弹	610	37 918	610	37 927.6
7.92mm 子弹	2 334	111 257.936	2 334	233 494.858
A－55 子弹	717	67 136.958 4	717	69 067.237 1
79 重要弹药	8 360	50 368.738	7 985	48 769.689

资料来源：《昆明兵工署军火存货清单》，云南省档案馆藏，西南运输处档案，档案号：54－31－6009。

由表 6－4 可以看出，设在昆明的兵工署仓库物资全部为成品，包括各种类型的重要弹药。

表 6－5　华侨先锋第一大队遮放提运物资表（1940 年 1 月 8 日）

仰光编号	物资名称	数量（箱）	重量（公斤）	货主	催运文电
械 94/88	81mm 迫击炮弹	2 329	181 812.815	兵工署军械司	分处 12 月铣电催
械 94/13	37mm 炮弹	1 502	71 337	兵工署军械司	分处 12 月铣电催
械 94/17	飞机炸弹	186	59 508	兵工署军械司	分处 12 月铣电催
械 94/8	轻机枪附件	3 150	142 359	兵工署军械司	分处 12 月铣电催
械 94/9	7.62mm 重机枪附件	335	31 052	兵工署军械司	分处 12 月铣电催
械 94/10	重机枪附件	1 000	73 485	兵工署军械司	分处 12 月铣电催

（续上表）

仰光编号	物资名称	数量（箱）	重量（公斤）	货主	催运文电
械 94/11	7.62mm 子弹	39 763	908 268	兵工署军械司	分处 12 月铣电催
械 94/12	7.92mm 子弹	2 000	13 000	兵工署军械司	分处 12 月铣电催
英 16/1	38 手枪	1	22	34 集团军	总处滇路字 14411 号
英 16/2	12g 猎枪	1	25	34 集团军	代电催讯办
英 24	雷管	2	63	柳州桂林行营防卫厅	腊支处腊运通 6 号
#2/1	雷管	25	760	兵工署柳州 41 厂	3598 号公函
#2/2	雷管	50	1 520	兵工署柳州 41 厂	3598 号公函
械 1/13	雷管	11	1 891	兵工署	随运
合计		1 485 102.815 公斤			

资料来源：《华侨先锋第一大队遮放提运物资表》，云南省档案馆藏，西南运输处档案，档案号：54－31－4819。

从表 6－5 可以看出，南侨机工运输的兵工署军用物资种类多样，包括前线需要的成品武器，如 81mm 迫击炮弹、37mm 炮弹、飞机炸弹等；还包括轻、重机枪附件以及雷管等物资。货主以兵工署军械司为主，还包括兵工署柳州 41 厂、34 集团军、柳州桂林行营防卫厅等部门。

图 6－7　美国援华军火由南侨机工通过滇缅公路源源不断运来中国

1941 年 5 月 24 日，宋子文在美国电告蒋介石，于美国购买的第二批军事物资将运抵仰光，该批物资的类别及数量如表 6－6 所示：

表 6－6　美国军品输入仰光一览表（1941 年 5 月）

军品类别	数量
山炮	600 门，附弹 120 万发
七五机械化野炮	144 门，附弹 14.4 万发
坦克车	360 辆，附武器及配备
野战轻便小汽车	1 000 辆

资料来源：吴景平、郭岱君编：《宋子文驻美时期电报选（1940—1943）》，上海：复旦大学出版社 2008 年版。

（2）半成品军事材料。

南侨机工所运输的物资，除了来自国外的成品武器、弹药外，还有国民政府兵工署下属兵工厂生产武器、弹药所需的原料，这主要是因为中国工业基础薄弱，科技水平较低，制造武器弹药的核心原料必须从国外进口。为了保密，兵工署规定兵工厂的厂名均不冠所在地的地名而以数字代替。

1940 年 7 月，英国关闭滇缅公路前夕，兵工署要求西南运输处抢运存缅物资，但由于西南运输处的运力所限，兵工署积存在仰光的物资仅有半数运回国内。于是，兵工署特选择部分重要物资，要求西南运输处根据物资名单顺序运输。军政部兵工署的兵器、器材运输顺序如表 6 - 7 所示：

表 6 - 7　军政部兵器、器材运输顺序表

运输顺序	品名	重量（吨）	附注
1	山炮料	仰 68，腊 6	
2	钢条	腊 1 624	步枪科
3	回钢条	仰 211	
4	步枪科材料	仰 8.5，腊 240	
5	白铅	仰 101，腊 100	
6	紫铜	腊 932	
7	青铅	腊 100	枪弹科
8	子弹皮	仰 41，腊 1 780	
9	黄钢	仰 96，腊 107	
10	铸模器	仰 40	
11	钢条及钢件	仰 600，腊 140	
12	配件	仰 49，腊 576	重机枪科
13	钢料	仰 1 601	枪械科
14	黑铁管	仰 615	
15	黄铜丝	腊 14	
16	配件	仰 225	自动步枪科
17	集热器	腊 5	
18	锯条	5	
19	马达油	仰 18	
20	机油	仰 32	
21	汽车油	仰 32	

（续上表）

运输顺序	品名	重量（吨）	附注
22	蓖麻油	仰 4	
23	第 51 厂机器	仰 50，腊 250	
24	第 51 厂材料	仰 50	
25	第 21 厂机器	仰 250，腊 100	当时最大兵工厂
26	第 21 厂材料	仰 100	
27	第 50 厂机器	仰 500，腊 100	
28	第 24 厂机器	腊 20	
29	第 23 厂机器	仰 30，腊 60	
30	炮技处机器	腊 7	
31	炮技处材料	仰 800，腊 7	
32	第 1 厂材料	仰 500	
33	第 20 厂材料	腊 17	
34	第 41 厂材料	仰 20	
35	第 42 厂材料	仰 17	
合计	12 248.5 吨		

资料来源：《军政部兵器器材运输顺序表》，云南省档案馆藏，西南运输处档案，档案号：54－31－1018。

由表 6－7 可以看出，西南运输处为兵工厂抢运物资共计 12 248.5 吨，运输物资种类包括：一是生产武器的基本原料，如白铅、紫铜、青铅、子弹皮、黄钢、钢条、回钢条等；二是铸模器、集热器等配件；三是马达油、机油、汽车油等；四是炮技处材料，等等。

南侨机工运输物资任务的顺利完成，不仅满足了抗日战争相持阶段中国抗击日本的武器需要，而且使中国兵工厂生产所需的进口原料得到及时供应。西南运输处的运输成绩也获得了美国政府的肯定。1941 年 6 月 20 日，美国驻中国武官向美国政府报告：滇缅路“五月份运量为一万九千五百吨，内三分之二直达昆明，其余沿途卸交各站，超过以前纪录甚巨”①。美国对中国运输能力的肯定尤为重要，主要是因为美国对中国援助的数量取决于中国运输能力及其表现，正如

① 《宋子文致蒋介石告以滇缅路运输确为美国协助我国之唯一关键电（1941 年 6 月 20 日）》，吴景平、郭岱君编：《宋子文驻美时期电报选（1940—1943）》，上海：复旦大学出版社 2008 年版，第 91 页。

当时在美国的宋子文向蒋介石汇报时所说："滇缅路运输，确为美国协助我国之唯一关键，其协助之程度，胥视该路之运量如何。顷据政府中至友密告，如运输畅通无阻，钧座要求之五万万元军货，固不成问题。"① 而西南运输处取得的运输成绩，完全得益于南侨机工的排除万难和艰苦努力。面对路况如此之差、条件如此艰难的滇缅公路运输，南侨机工不但没有畏难情绪，反而想出了各种智慧发明。据南侨机工谢川周回忆，他的车里总是装上两块厚木板，每当路面被冲坏或塌陷时，他就把木板垫在路上，再小心地开过去，后来，这个土办法还推广到整个车队，很多司机行车都带着木板。此外，由于车辆在滇缅公路上长时间下坡，且当时燃油紧张，很多人下坡时，都会想办法节省油料。长时间刹车，车毂就会发烫，刹车极易失灵，于是他们发明了淋水装置，在车的外面临时加装一个副水箱，加了一些管子，通到车底淋到刹车片上，使它不容易发热，刹车更好。在滇缅公路开通以后，几乎所有的卡车都装上了淋水装置。

1940 年春天，奔走在滇缅公路的南侨机工看到了沿途的一些变化：一些路段堆积了大量的柏油、工程机械和筑路材料等设备，一条全新的柏油公路将从中缅边境的畹町铺设到保山，这将大大改良路况，他们终日奔走的道路将不再那么凶险。原来，随着希特勒发动对英国、法国的闪电战，西方盟国尤其是美国，开始大规模地援助中国，更多的物资从滇缅公路运到中国，这意味着南侨机工要承担更加繁重的运输任务，而且日军也将投入更多的兵力，切断滇缅公路。据南侨机工张家发回忆，有一次他们随车队抢运物资，快到畹町时，突然遭遇日军袭击，他们前面的一辆汽车被击中后起火，车毁人亡，而这一切在当时实在正常不过。日军也发现了这条路，他们想尽一切办法要把这条路炸断，平均一个月至少有十次轰炸。当时日本已经占领了法属越南，有了越南作为前方基地，日军的飞机就可以对滇缅公路全线进行轰炸，南侨机工只能被迫黑夜行车。白天下雨可以正常行驶，天晴就只能找一偏僻公路的转弯处或树木遮蔽处将车放在那边，到田里或树林里休息，晚上再出发，所以那段时间很辛苦，总是提心吊胆。有时遇到日军夜间空袭，整个车队会把车灯全部关掉，若遇上下雨，在那样的路况下，路面湿滑，一不注意就会摔下万丈深渊。尽管条件艰苦，但前方战事吃紧、任务繁重，不容机工们半点怠慢，他们每天奔驰在这条危机四伏的险路上，昼夜不停。云南俗语"马儿死了，才卸驮鞍"，正是南侨机工当时的真实写照。

（二）输送油料

石油为重要的战略物资和汽车行驶必需品，但当时中国石油产量极低，造成

① 《宋子文致蒋介石告以滇缅路运输确为美国协助我国之唯一关键电（1941 年 6 月 20 日）》，吴景平、郭岱君编：《宋子文驻美时期电报选（1940—1943）》，上海：复旦大学出版社 2008 年版，第 91 页。

汽油供应一直很紧张。为保证军车用油，一些民用车只能改装成烧木炭和煤炭的汽车，但这种车马力小、载重低，一旦爬坡就很费劲。在滇缅公路封闭期间，汽油不能进口，一度影响了西南运输处的军事物资运输。在昆明，因缺乏汽车用油，一些政府部门不得不使用木炭车代替汽车。

根据运输统制局规定，西南运输处所需油料应自运。据云南省档案馆《西南运输处油料运量分配表（1941 年 8 月）》记载，仅 1941 年 1—8 月，西南运输处每月需进口油料 2 300 吨。以下为 1941 年 6 月西南运输处油料运输路线及运量分配表：

表 6－8　西南运输处油料运量分配表（1941 年 6 月）

段落	里程	吨数	车数	运输大队
八莫至遮放	210	650	35	华侨先锋第二大队
腊戍至遮放	225	500	25	华侨先锋第二大队
遮放至保山	253	600	25	华侨先锋第一大队
保山至下关	256	250	16	第一大队
		450	40	第十四大队
		600	16	第十五大队
保山至昆明	668	300	45	第十五大队（新车运输，华侨机工组成）
		450	90	运油队
下关至昆明	412	800	44	第二十一大队
曲靖至宣威	99	300	4	第十二大队
宣威至泸县	654	120	28	第十七大队
下关至马龙	367	100	28	第十八大队
曲靖至平彝	77	450	35	第四大队
平彝至息□	498	200	25	第五大队
息□至重庆	415	100	15	第三大队

资料来源：《西南运输处油料运量分配表》，云南省档案馆藏，西南运输处档案，档案号：54－31－3321。

由表 6－8 可以看出，西南运输处所需油料由缅甸北部的腊戍、八莫两地油库运入中国境内的遮放油库，然后分段运入滇缅公路沿线的保山、下关、昆明等地油库，最后运入昆明以东的曲靖、宣威、泸县、马龙、重庆等地油库。南侨机工承担了主要的运输任务。

（三）接车

1939 年，陈嘉庚联合南侨总会先期号召华侨捐献 3 000 多辆汽车以供滇缅公路运输物资，将相关人员编为 21 个大队，另外还有 1 个重型车大队。大量南侨机工被派到国外接车，将国外援助购买的汽车、卡车组装好，载上物资，驶回国内西南大后方。这些汽车一般都集中于越南的港口。尽管这些机工都精通驾车，但要顺利地把车开回国内，还是遇到了不少麻烦。9 个月抢修出来的滇缅公路，实际上是一条土路，且路途艰险，仅从滇西下关到畹町共计 547 公里的距离中，便要翻越 6 座大山，穿过 8 处悬崖峭壁，跨越 5 条大江河。作为战时的伟大工程，滇缅公路尽管修通了，但是路况极差、路面不宽，比如在麦庄坡段，路面仅 4 米左右，只有 2 条车道，整条公路当中像麦庄坡这样的 30 度坡路很是常见。再有就是全程都是泥巴路，一到雨季路况就更差，由于很多地方都是盘山路，肘拐子弯特别多，一路下来单程运输最少也要跑 7 天，平均每天仅能跑 160 公里。南侨机工许海星对当年的第一次接车任务记忆犹新。经过将近 3 个月的培训，他接到的第一个任务就是接车，在从畹町开到遮放的时候，天气很不好，还下着雨，他们丢了 1 辆车，车子掉到山沟里，所幸司机没有生命危险，但车子完全报废。

图 6－8　到越南海防接运美国道奇汽车的南侨机工

图6－9　由马来亚沙捞越华侨机工驶入境内的运抵缅甸腊戍的联军卡车

1940年，尽管日军已经逼近英属缅甸，但英国政府执行绥靖政策，接受了日本政府提出的从7月18日下午6点开始封闭滇缅公路缅甸段通道的要求。滇缅公路被迫关闭，前线军需告急。海外华侨时刻关注抗战进程，先后向国内捐车300余辆。在这紧急时刻，总部下达命令，“南侨总会”捐赠的一批新福特卡车和大批物资已到达缅甸腊戍，必须在封路前全部接送回国。当时，南侨机工张智源等人奉命去缅甸腊戍接收华侨支援的100辆新车，但留给他们的时间十分有限，如果他们没在18日下午6点以前撤离，人和车就会被扣下来。于是，他们去到腊戍后抓紧时间组装车辆，终于在18日下午5点前把所有车辆都检查组装好，把货物也装好，并办好通关手续。但因为正值高温天气，长距离的运输和高强度的加班加点使张智源病倒了，无奈之下，众人只能把他送到当地医院后立马往回撤，所幸他病愈后成功返回国内。

图6－10　1940年3月，陈嘉庚率“南洋华侨回国慰劳视察团”视察滇缅公路并看望南侨机工

除了运输军用物资外，南侨机工还得完成一些特殊任务，如迁厂、抢运战地仓库和各兵工厂急用物资等，这些运输无定线、无定量、无定期，完全打乱了原有的运输布置，也对车辆造成很大损害。复杂的路况，简陋的维护，再加上高强度的运转，一部全新的汽车在正常情况下可以跑五六年，但在滇缅公路仅可以跑五六个月。1940年陈嘉庚在视察滇缅公路时发现，最初为西南运输处新置的3 000多辆汽车，不到两年时间，剩下能用的不足1 000辆，与此同时，大量汽车存在故障，虽有机修工没日没夜维修，但也难以保证所有汽车正常运转。据有关资料记载，西南运输处先后接新车3 500辆，至运输结束移交中缅运输总局时，可用的车只有500辆。而要有汽车，滇缅公路才能发挥作用，物资运输才成为可能。从1939年至1942年的三年间，途经滇缅公路一共抢运回国1.3万多辆汽车，南侨机工居功至伟。

（四）协运其他物资

除了承担繁重的军事运输任务外，南侨机工还须运输出口物资以换取外汇，以及运输白银、钞票等特殊物资，运输美国红十字会捐赠中国的物资和其他机构的物资。

1. 出口物资

南侨机工在运输军事物资的同时，还协助复兴公司等部门运输桐油、锡等出口物资。1938 年 12 月 12 日，中美签署“桐油借款”合同，根据合同规定，国民政府必须按月将一定数量的桐油运至仰光以待出口美国。当时，承担桐油出口运输任务的是复兴公司，但由于其运力有限，1940 年 9 月 20 日，该公司请求西南运输处协助运输桐油［云南省档案馆藏《西南运输处油料运量分配表（1940年 9 月）》］：

景初处长仁兄，昨接仰光电话称，由下星期一起，每日装运桐油 400 吨，而本处油库尚未完成，不能存油，惟有随到随运，而本处车辆不敷，应负甚巨，为此函达阁下请赐予协助。

收到该请求后，西南运输处仰光分处安排华侨先锋第一大队，先后派车 50 次，将桐油运到缅甸港口仰光，然后由专门人员装运到缅甸尼斯公司轮船，共为其运输桐油 277 桶。自此以后，运输统制局规定，西南运输处回程车辆主要载运复兴公司的桐油、猪鬃、茶叶和资源委员会的锡、钨等农矿产品。据统计，西南运输处存续期间，经滇缅公路出口的物资主要有钨砂 9 000 吨，锡 4 250 吨，桐油 600 吨，共 13 850 吨。

图 6－11　由南侨机工运至缅甸仰光再出口美国的桐油、锡等物资

2. 白银、钞票等特殊物资

1934 年 6 月 7 日，美国政府公布《白银收购法》。1937 年 7 月 8 日，时任国民政府行政院副院长兼财政部部长孔祥熙在华盛顿与美国财政部达成 62 003 万美元的售银协定。1939 年 5 月 15 日，中美正式签订《中美白银协定》，美国承诺购买

中国白银以帮助中国稳定法币对美金的汇率。

国民政府将运输白银的任务委托给西南运输处秘密执行。于是，西南运输处遴选出技术优良的南侨机工成立专门运钞队，承担运输白银、钞票等特殊物资的任务。2013 年 3 月 3 日，南侨机工第二代邓文聪女士在接受笔者采访时提到其父亲临终前告诉她的当时南侨机工运输白银、钞票的情况：

我父亲临终前告诉我，当时在滇缅路上，由于南侨机工技术高超和具有语言优势，国民政府抽调一批优秀的南侨机工成立运钞队，主要是运输白银，还运输黄金来换取美国军火。我父亲就是其中的参加者之一。

云南省档案馆藏西南运输处档案显示，西南运输处专门设有运钞大队组织机构。该机构人员共 6 名。其中，队长由西南运输处接运队的国内机工陈金有担任，副队长由华侨先锋第二大队的南侨机工李卫民担任，会计员是西南运输处昆明总处（总局）的黄举仁，还有办事员 3 人均是南侨机工，分别来自华侨机工互助会和华侨先锋第二大队。

运钞队下设 5 个分队，共 46 人，分队设有班长 1 人，司机人数不定，有 8 ~ 9 人，5 个分队的司机全部是从各地挑选的南侨机工，运钞队队员大部分来自华侨先锋第二大队，其余的来自第一、六、十二大队侨工，修车厂（维修厂）侨工以及在缅甸招募的侨工。

表 6 –9　西南运输处运钞队名单

职别	姓名	人员来源
队长	陈金有	西南运输处接运队
副队长	李卫民	华侨先锋第二大队
会计员	黄举仁	西南运输处昆明总处
办事员	曾达	华侨先锋第二大队
	王冠时	华侨机工互助会
	李拂尘	华侨先锋第二大队
第一班班长	林鹏	华侨先锋第二大队
司机	李云	腊戌维修厂
	蔡罗	华侨机工
	林明慓	华侨先锋第二大队

（续上表）

职别	姓名	人员来源
司机	林亚九	华侨先锋第二大队
	符汉东	
	周天河	
	余明德	
	梁茂科	华侨先锋第二大队
第二班班长	王弗兴	华侨先锋第二大队
司机	邓汉文	华侨先锋第二大队
	杨思洪	华侨先锋第二大队
	王东进	华侨先锋第二大队
	陈思	召回侨工
	罗伙枝	召回侨工
	符有根	召回侨工
	郭业	召回侨工
	罗伟	召回侨工
第三班班长	刘攸齐	西南运输处第一大队侨工
司机	李青芳	西南运输处第一大队侨工
	邓文波	
	黄锡和	西南运输处第六大队侨工
	陈光明	西南运输处第十二大队侨工
	林清顺	西南运输处第十二大队侨工
	符修治	西南运输处第一大队侨工
	林大用	
	林炳坤	
第四班班长	陈逸	召回侨工
司机	林兴	华侨先锋第二大队
	龙脉翔	召回侨工
	钱亚九	
	陈逸	召回侨工
	王亚昌	

（续上表）

职别	姓名	人员来源
司机	陈文	
	林鸿于	
	庄耿波	
	林清顺	
第五班班长	郭汉	
司机	饶飘云	
	颜振德	
	李玉锡	
	黄存来	
	高起南	
	陈三仟	
	苏中利	
	陈文先	

资料来源：《西南运输处运钞队名单》，云南省档案馆藏，西南运输处档案，档案号：54－31－6910。

3. 美国红十字会物资

南侨机工还负责运输美国红十字会赠予中国的物资，主要包括纱布、药棉、阿司匹林、金鸡纳霜、布料等，这些物资对于救助战争的伤员及难民尤为重要。

1941 年 6 月 3 日，美国红十字会援助中国的物资由火车运抵腊戍，由于中国红十字会自身没有车队运输，于是，美国红十字会人员委托中国银行和中运公司分别承运。1941 年 6 月中旬，两家公司仅派遣 9 辆车将小部分药品运抵昆明，而且对捐赠药品的装运等不符合美方要求①，引起美方红十字会管理人员的不满。

1941 年 6 月 19 日，美国红十字会主任韦思礼致函西南运输处陈体诚，称已征得军事委员会的同意，请求西南运输处协助以便尽快将药品运到昆明。运输统制局认为，尽管美国红十字会物品的运输关系到国家信誉，但西南运输处正忙于抢运军事物资，“进口新车并无腾空之多，其新车须先代（运）航油、炸药、器

① 因美国红十字会捐赠中国的多为药品、棉纱等物品，故其运输要求防雨、防潮，不能过于颠簸，以免损坏药物。

材等，故不应代运该项物资”①。因此，红十字会物资仍然主要由中国银行和中运公司运输，西南运输处仅为协助运输。

1941年7月中旬，美国红十字会赠予中国的物资仍然积存在滇缅公路沿线，据云南省档案馆藏《军事委员会给西南运输处电（1941年7月28日）》记载，在腊戍和遮放等地仓库存放的红十字会物资达700吨（缅北腊戍积存600吨，中国龙陵积存100吨）。1941年7月底，美国红十字会药品仍然没有按规定运达目的地。这引起了美方的不满，因此质疑中国的运输能力，宣称此后对中国物资的捐赠将取决于中国的运输能力。

鉴于延迟运输给中国信誉带来的不利影响，国民政府立即积极协商抢运美国红十字会赠华物资。1941年8月7日，蒋介石亲自致电西南运输处，要求优先运输红十字会物资：

查美国红会对我赠品供给数量之多少全视运输能力，该项赠品之抢运极为重要，惟自起运以来，……尤以红会物品，须有优先输送之权，以免延误急需，而为友邦借口。②

1941年8月11日，时任中国银行总稽核的霍宝树致电运输统制局俞飞鹏，请求西南运输处承担运输美国红十字会物资的任务，且务必设法在近期内将所有物资运输完毕，以免对方以此为借口不再供应物资，造成误解。得知美国红十字会物资运输的重要意义后，俞飞鹏迅速采取行动，首先和美国红十字会中国代表韦思礼、衡约翰协商，承诺将在短期内运完红十字会积存在缅甸腊戍和中国龙陵的药品。随后，俞飞鹏致函西南运输处，要求陈体诚迅速组织人员抢运美国红十字会物资：

子博吾兄勋鉴：

本日接见美国韦思礼、衡约翰二君，所允将腊、龙二处滞货之药品等材共556美吨（腊415吨、龙141吨）于九、十两月运清各节，友邦信义所关，务请饬属预配车辆早为装运，勿使差迟，除电告子文先生外，希查照即办，台祺，弟

① 《西南运输处致军事委员会函（1941年6月20日）》，云南省档案馆藏，西南运输处档案，档案号：54-6-344。

② 《宋子文致蒋介石强调红会物品须有优先运送之权电（1941年8月7日）》，云南省档案馆藏，西南运输处档案，档案号：54-6-344。

俞飞鹏，敬启，八月卅日。[①]

接到运输统制局的指令后，西南运输处迅速组织抢运，此类物资的运输任务由华侨先锋大队承担。积存在龙陵的美国红十字会物资由华侨先锋第一大队领队陈日礼、吴岐进带队运输。1941 年 9 月 1 日，仰光分处共派新车 37 辆。因美国红十字会物资“多为轻笨细软之件”，美方人员要求“每车均有篷布并为装足吨位，以免摩擦”，华侨先锋大队严格按照美方要求运输，此外，为提高运输效率，从遮放出发时，先锋大队“每车先在遮库安铅块锌版 1 吨”，抵达龙陵“共装纱布 1 129 盒，药棉 119 盒，布 77 箱，硼砂 207 桶，阿士（司）匹林 25 桶，奎宁（金鸡纳霜）16 箱，共重 62. 5 吨”[②]。

1941 年 10 月 9 日，西南运输处再次派华侨先锋第一大队“新车 17 辆至遮放装紫铜 5 块，冬日驶龙承装，共装纱布、药棉、阿司匹林、布料（共）576 件，27 吨。500 公斤，由分队长黄轩兼押运驶昆明”[③]。

美国红十字会赠送药品体积大，不耐积压，其标签、货单等皆为英文，南侨机工发挥语言优势，严格按照《西南运输处抄发美国红十字会规定货单规定引用办法及摘译办法（1941 年 9 月 2 日）》的要求装运：

当载货货车出发时美红会驻腊遮人员印备白色货单与画有红斜线之黄色货单，各一份送交本处腊戍支处（遮放支处），白色货单由腊遮处存查，黄色货单则由押运员或队长随带到昆，于物资到昆时，押运员或队长应将黄色货单送交美红会核对收货，在单上签字，退还该押运员带回本处（在昆应交总站）以为交货凭证。

截至 1941 年 10 月 21 日，西南运输处先后三次派出华侨先锋第一大队及三吨半车 104 辆，将积存在滇缅公路龙陵的美国红十字会物资成功运抵昆明的中国红十字会（昆明市太和坊 7 号）和中国救济部（昆明黑林铺），同时附装兵工署所需的军事物资。

积存在缅甸腊戍的美国红十字会物资也由华侨先锋大队直接运抵昆明。据云

① 《俞飞鹏为转运美国红十字会药品致子博函（1941 年 8 月 31 日）》，云南省档案馆藏，西南运输处档案，档案号：54 - 6 - 344。

② 《西南运输处抄发美国红十字会规定货单规定引用办法及摘译办法（1941 年 9 月 2 日）》，云南省档案馆藏，西南运输处档案，档案号：54 - 6 - 344。

③ 《华侨先锋大队遮放致总处电：运输龙陵美国红会物资情况（1941 年 10 月 9 日）》，云南省档案馆藏，西南运输处档案，档案号：54 - 6 - 344。

南省档案馆藏《腊戍支处给总处电（1941 年 10 月 21 日）》记载，1941 年 8 月 28 日，西南运输处派遣“道奇新车 45 辆，由一大队运输，皆装美国红会捐赠布匹驮遮转昆，并领队华侨机工林明月押车”。1941 年 10 月 22 日，腊戍华侨先锋第一大队两个车队 102 辆车分装红十字会捐赠的布料及棉花等物资从腊戍运达昆明。

南侨机工在将美国红十字会捐赠给中国的物资抢运至昆明时，以高度的专业性赢得了美国红十字会人员的好感，增强了其对中国运输能力的信心，从而使美国红十字会愿意继续援助中国救治伤兵和难民的急需药品。

4. 其他部门物资

根据西南运输处的安排，南侨机工还需为国民政府其他部门运输物资。表 6－10 为西南运输处在 1941 年 3 月至 9 月期间，为其他部门运输物资的情况：

表 6－10　1941 年 3 月至 9 月西南运输处为其他部门运输物资情况表

货主	段落	里程	吨数	车数	车队	安排时间
交通部交通司	下关至昆明	412	500	20	拖车队	1941 年 3 月
航空委员会	下关至昆明	412	200	200	第十大队	1941 年 3 月
	下关至昆明	412	500	20	特拖车	1941 年 5 月
	下关至昆明	412	200	12	第五大队（拖车）	1941 年 6 月
欧亚公司	畹町至昆明	959	150	40	第十六大队	1941 年 3 月
	畹町至昆明	959	52	54	第十六大队	1941 年 3 月
	畹町至昆明	959	200	50	第十六大队	1941 年 5 月
	遮放至昆明	921	100	22	第十六大队	1941 年 7 月
	畹町至保山	292	100	5	第十六大队	1941 年 8 月
	保山至昆明	668	100	15	第二十大队	1941 年 8 月
	畹町至保山	292	100	10	第十六大队	1941 年 9 月
	保山至昆明	668	100	15	第二十大队	1941 年 9 月
甬	下关至昆明	412	200	10	拖车队	1941 年 5 月
	下关至昆明	412	500	25	第五大队	1941 年 6 月
资源委员会	贵阳至重庆	488	180	29	第三大队	1941 年 7 月
	长悉至重庆	1 051	700	230	第十大队	1941 年 7 月

（续上表）

货主	段落	里程	吨数	车数	车队	安排时间
其他	畹町至昆明	959	200	50	第十六大队	1941 年 5 月
	畹町至昆明	959	200	50	第十六大队	1941 年 6 月
	遮放至昆明	921	100	22	第十六大队	1941 年 7 月
	畹町至保山	292	100	5	第十六大队	1941 年 8 月
	保山至昆明	668	100	15	第二十大队	1941 年 8 月
	畹町至保山	292	100	10	第十六大队（新车）	1941 年 9 月
	保山至昆明	668	100	15	第二十大队	1941 年 9 月

资料来源：笔者根据云南省档案馆藏的西南运输处 54－31－7002 号档案整理。

由表 6－10 可见，西南运输处为交通部、航空委员会、欧亚公司、资源委员会等部门运输物资。1941 年 3 月至 9 月，南侨机工共运输 4 782 吨物资，且大多为长途运输，如从长悉至重庆的运输距离长达 1 051 公里。

（五）运送中国远征军入缅作战

1941 年 12 月 7 日，日本偷袭美国珍珠港，太平洋战争爆发。根据蒋介石的提议，1941 年 12 月 23 日，中国、美国、英国在重庆召开东亚联合军事会议，12 月 26 日，中英两国签署了《共同防御滇缅路协定》。1942 年 2 月，日军大举进攻东南亚，南洋群岛各地先后被日军占领，此后，日军经泰国入侵英属缅甸，英国政府请求国民政府派兵援助，共同与日军作战。为保卫滇缅公路，根据中英协定，中国派遣 10 万远征军入缅与英缅联军并肩抗击日军。由司令官卫立煌、副司令杜聿明率领的第五军、第六军、第六十六军组成的中国远征军从云南西部进入缅甸作战，此时，运输远征军入缅的任务主要由南侨机工承担。

2012 年 7 月 28 日，昆明南侨机工罗开湖在接受笔者采访时回忆了当时运输中国远征军的情况：

当时中国远征军入缅甸是由大批南侨机工运入前线的。其中，在贵阳由南侨机工组成的陆军辎重兵三团二连，也调入运输远征军的行列，参与远征军运输。

居住在昆明的南侨机工董沛也回忆了当时南侨机工运输远征军入缅的情况：

1942年初，我国派出援助缅甸远征军，第五军、第六军、第六十六军，陆续从昆明、祥云，向保山、芒市推进，我们车队担负了部分运输的任务。3月，日军分两路侵入缅甸，我们将物资运抵昆明后，满载军队及装备经保山，接着运至芒市、腊戍。我队担负运输第六十六军二十八师部队的任务，这支部队臂章上有“翼龙”两字，武器装备好，士兵身体健康，精神饱满……六十六军参谋长姓张，亲自来找我队部联系派车事宜，态度很好。①

南侨机工成功将中国远征军运送入缅作战后，又陆续返回滇缅公路的芒市、腊戍等地，继续抢运军事物资。

二、交通受阻　另想他法

1942年3月8日，仰光沦陷。4月下旬，日军进入缅北，占领滇缅公路起点腊戍，以装甲车为先导沿滇缅公路向中国境内推进。5月3日，日军占领中国边陲城镇畹町，5日挺进怒江惠通桥西岸。为阻止日军东进昆明，1942年5月5日，在千钧一发之际，国民政府命令守桥工兵用事先准备好的炸药炸毁惠通桥，将日军阻隔在怒江西岸。自此以后，中日双方隔江对峙，滇缅公路被彻底切断，可谓“一分钟改写了历史”。亲历此事的中缅运输局运输科科长宗之琥在《抗战时期的西南运输处和滇缅公路》一文中回忆了惠通桥被炸前后的惨状：

……滇西大撤退造成的损失惨重。……六七千辆汽车在几天之内，麇集在狭窄而险峻的滇缅公路西段，争先恐后向东奔驰，撞车翻车事故不断发生，随时可以发现翻在山下的车辆。特别是日寇侵占怒江西岸腊猛附近的制高点以后，以炮火封锁了东岸——丘田附近的转弯处，击毁了许多车辆，于是后面的车辆也无法再行前进，桥东桥西几十公里的公路上挤满了车辆，……人员伤亡更为惨重，车上除了驾驶人员外，还有许多由缅甸撤退回来的人员和沿途逃难的人，他们之中，有的落在后面被日寇追上，有的在惠通桥被炸断之前没有赶过桥，只好四散奔逃，已经过了惠通桥的人们，由于日寇炮火封锁，车辆无法通过，也只好弃车步行，翻越海拔三千余公尺的怒山，辗转东归，有不少人由于饥寒交迫，生病又无法医治，死在途中，即使生还，也是狼狈不堪。

① 董沛：《抗战时的西南运输处和华侨机工》，《保山文史资料（第五辑）》，昆明：云南人民出版社1998年版，第56页。

滇缅公路中断后，南侨机工的运输工作呈现新特点，由原来相对单一的军事运输转向在多领域继续为抗战服务。

（一）军事运输

1. 抢运军事物资

日军进攻滇西时，西南运输处将兵工署大批物资抢运至惠通桥以东。随着战事的发展，政府急需将该批物资抢运到安全地区。根据军事委员会安排，滇缅运输局的首要任务是抢运滇境物资及将下关兵工署物资于 1942 年 9 月底前运至曲靖、昆明以东，这一运输任务主要由南侨机工承担。

1943 年底，重庆国民政府任卫立煌为总司令，负责滇缅反攻指挥，南侨机工归入第十一集团军统一领导，负责协助将兵员、武器运往前线。

2. 接转“驼峰航线”物资

滇缅公路中断前后，为运输国外援助中国抗日的物资，美国陆军航空兵空运队和中国航空公司联合开辟了“驼峰航线”。该航线横跨喜马拉雅山脉和横断山脉，连接印度、缅甸和中国，起点是印度阿萨姆，终点是中国云南昆明巫家坝、云南驿等地。自 1942 年 5 月至 1945 年 9 月，国外通过该航线向中国运送了大量援华物资，包括燃油、弹药、武器、航空器材等，回程运输易货所得的矿石以及钨、锡、桐油、猪鬃等。滇缅公路完全中断后，外国援助中国物资无法从陆路运输，大批“驼峰航线”军事物资改从印度加尔各答和卡拉奇机场经空运运到云南昆明机场后，需要及时接转或运输至前线附近。

此时，由于中国公路运输业务日趋减少，国民政府决定撤销中缅运输总局，成立滇缅运输局。该机构局长由葛沣担任，其任务主要是接收和转运经“驼峰航线”运入昆明的国外军事物资。据云南省档案馆藏《滇缅公路运输局工作报告（1944 年 8 月）》可知，1943 年 2 月 1 日，国民政府命令滇缅运输局将汽车及人员移交给中国远征军司令部管理，于是，滇缅运输局将 600 辆车拨给远征军及一些部门使用，并按照中国远征军指挥部的要求执行军运任务，同时，滇缅运输局在下关成立运输队以便于联系和管理。除运输管理人员外，其余运输队人员均为南侨机工。

表 6－11　滇缅运输局车辆分配状况表

拨给机关	辆数	附注
远征军机关	5	
美军	89	

（续上表）

拨给机关	辆数	附注
昆明防守所	6	
美国空军	20	系拨云南驿机场使用
云南驿机场	17	系接进出口货物
专供汽车指挥部	463	该项车派遣厂川行，按六成算约为278辆
共计	600辆	

资料来源：《滇缅公路运输局工作报告（1944年8月）》，云南省档案馆藏，西南运输处档案，档案号：54-21-462。

隶属于中国远征军管理的南侨机工，其行车路线及运输物资如表6-12所示：

表6-12　中国远征军汽车指挥部278辆汽车分配

行程区域	辆数	附注
昆明至独山（贵州）	100	兵工厂所在地
昆明短途	20	
川滇东路及西南公路	15	
关保段	15	运输马粮
姚楚段	15	运输米粮
昆保段	113	运输弹药

资料来源：《滇缅公路运输局工作报告（1944年8月）》，云南省档案馆藏，西南运输处档案，档案号：54-21-462。

由表6-12可以看出，南侨机工的运输区域主要在惠通桥以东，主要运输路线包括滇缅公路东段（保山—下关—昆明等线）、川滇线以及西南公路。主要运输弹药、兵工厂物资，其中，昆明至独山的100辆车专为贵州独山兵工厂运输生产武器原料。

据相关档案记载，在“驼峰航线”运输期间，滇缅运输局共接转运输物资43 936 575公斤。具体时间及数量如表6-13所示：

表6－13　接转"驼峰航线"空运物资

时间	数量（公斤）
1942年6月至1943年9月	8 348 587
1943年10月至1944年6月	35 587 988 （其中美国航空公司33 145 876，中国航空公司2 442 112）
1942年6月至1944年6月	43 936 575

资料来源：《驼峰航线物资表（1942—1944）》，云南省档案馆藏，西南运输处档案，档案号：54－31－4836。

在此期间，滇缅运输局运输管理人员和南侨机工夜以继日工作，处于高负荷状态。正如云南省档案馆藏《滇缅公路运输局工作报告（1944年8月）》所言：

自本年（1943年）二月迄今，本局全数车拨给远征军专用，几度限期抢运接应前方反攻，均昼夜行驶，毫无喘息，队厂站业务人员、南侨机工频有数夜不眠者。

（二）多方位服务

滇缅公路中断后，南侨机工以其技术、语言优势继续为抗日战场服务，如奔赴国外接车、后勤支援"驼峰航线"以及服务于盟军（昆明、印度英军）军事机关，担任情报收集、修理军需武器、翻译等特殊工作。表6－14为部分南侨机工在盟军部门服务的情况：

图6－12　槟城机工汤耀荣在战地服务团的证书
（图片提供　汤晓梅）

表 6-14　滇缅公路中断后南侨机工在盟军部门服务情况

姓名	个人简历	1942 年 5 月之前	1942 年 5 月后服务情况
李九	广东鹤山，曾接受中英文教育，怡保第一批回国机工	在西南运输处担任中尉助教四年	任中美陆军运输总队领队，该队改编后回中美运输大队任原职务
冼梦彬	亚罗斯打（亚罗士打）第一批机工，高中教育程度，机械修理员	财政部运输押运员	缅甸战役任第五军二〇〇师师长戴安澜随从侍卫，戴阵亡后，转往印度任远征军车辆第七营教官、联军汽车学校教官
林正中	第六批机工		到印度参加远征军，中缅运输处班长
潘桂槁	第五批机工	滇缅路惠通站，任职于巡回救济队	整编后，拨归美国志愿十四航空队，驻昆明基地服务，盟军反攻时，被调赴印度远征军服役，参与反攻缅甸
陈光明			进入缅甸中国运输队工作，1942 年日军攻占缅甸时，在陆军第五军第十五师服务，后抵达昆明；1943 年冬，中国远征军反攻时，为炮兵，在第十二团服务；1944 年，调入中美情报局服务，先后被派往泰国、缅甸，到敌人后方做谍报工作
梁金顺	广东台山，第五批机工	华侨第十三大队中尉分队长，率队抵仰光抢运车辆	1942 年，缅甸陷落后，率领部下到昆明集中，候命他调，及后奉调接管车队工作，并专职运输车辆移交黔省中国运输公司；1943 年，被派往军委会参加汽车兵团，赴印度并入同盟军反攻缅甸，后调入美军空运部，进攻缅甸时，加入盟军第十四军反攻马来半岛部队；1945 年随同英印军队乘船南攻新加坡
李邓合	广东乐会，第五批机工		随同中国远征军第五军辎重兵团入缅作战，后返国任职于中美汽车修理厂
叶福来	福建同安，第五批机工		调入缅甸，辅助远征军第五军运输前线军需物资
黄文和	福建海澄，第三批机工		加入盟军空运站陆路运输机构服务

资料来源：林少川：《陈嘉庚与南侨机工》，北京：中国华侨出版社 1994 年版；《南侨复员机工互助会十二周年纪念特刊》，新加坡南侨复员机工互助会，1959 年。

1. 后勤支援“驼峰航线”

图 6－13　1942 年南侨机工在印度起卸物资

“驼峰航线”开辟后，该航线印度一方需要后勤服务人员装卸和运输货物。约 200 名南侨机工在印度的阿萨姆、加尔各答服务。机工的来源有两种：一是日本占领缅甸时，在仰光服务的南侨机工进入印度；二是由中美两国在昆明招募赴印度服务的机工。其中，王云峰、颜世国就是主动应募到印度服务的南侨机工代表，两人回忆起这段经历时说：

太平洋战争爆发后南洋沦陷，外汇断绝，有家难回，致使南侨机工陷入困境，我（王云峰）在云南举目无亲，便与海南籍机工王亚昌等一起报名前往印度。由于滇缅公路中断，中国失去了与英美等西方盟国的陆路交通联系，美英等国供应中国的武器和军用物资，只好依靠飞越喜马拉雅山的中印航线输送。然而，这些在印度的军用物资，同样需要先用汽车运往机场，这又需要一批司机，为此，盟军便在昆明招募一批机工到印度抢运援华军用物资。①

……颜世国在印度阿山省地普罗加飞机场工作期间，主要任务是在机场运输汽油、军用物品以及大锡锭等，他们经常冒着敌机空袭的危险坚持抢运，直至

① 《死里逃生　破镜重圆——南侨机工王云峰的传奇经历》，林少川：《陈嘉庚与南侨机工》，北京：中国华侨出版社 1994 年版，第 137 页。

1945年胜利才回国。[①]

2 情报侦查

南侨机工还协助盟军的侦查工作。1944年初，英美盟军进攻泰国和马来亚前夕，在华侨中招募向导执行特殊任务。1944年6月，驻印度加尔各答美军当局在印度招募500名马来亚及泰国华侨，以备将来攻入马、泰两地时充当向导，南侨机工踊跃报名，在西南运输处服务的南侨机工中就有百余人报名。南侨总会刘牡丹在《沉痛的记忆》一文中提及：

在重庆，在印度，设立招募当时的南侨机工参加准备反攻的部队，特别是136部队就有一二百名华侨机工。参加后，机工主要参加降落伞部队或潜艇队，大多是侦查日军在南太平洋一带的情报工作。

南侨机工参加情报侦查工作的主要是136部队。该部队基于中英合作而创建，是一支兵员少而精的特种部队，承担收集情报和指导游击作战的任务，主要活动区域是马来亚地区，负责深入日军后方执行秘密任务。经中英协商一致，英国方面主要负责经费、计划和训练派遣，中国方面配备人员。由于南侨机工熟悉南洋环境且具有英语优势，国民政府主要在重庆、印度等地招募南侨机工参加该部队，以协助盟军登陆和反攻。南侨机工林谋盛就是其中一员。1943年7月16日，林谋盛返回新加坡，担任136部队马来亚分区正区长，该区下辖7个分队。尽管该队人员不多，但都是经过特殊训练的专业人员。例如，林谋盛等人用潜艇运输了机枪7挺、手枪4支、子弹1 000发、无线电台2部以及大量药品，至1945年4月，前后共被派遣执行任务7次。

还有部分南侨机工，被盟军总部昆明分部选调并接受特种训练后，派往东南亚日军占领区做侦查工作。来自泰国的南侨机工蔡汉良就是其中之一。1944年4月15日，蔡汉良被盟军派往泰国侦查日寇在泰国的拉温军事基地。他化名蔡昆，利用其语言优势和亲属关系抵达日本军事基地。该基地路途遥远，开车出入的全是日本人，每5公里便设立一个检查站。蔡汉良利用其堂兄在基地当杂役的便利趁机了解基地的有关情报，经过多次侦查，他用日文旧报纸绘制成秘密图。1945年5月3日，他返回中国，将侦查所得向盟军总部汇报。经过核实后，盟军从昆明和印度调来大批轰炸机，将拉温军事基地的军火仓库、火车站、电台、高炮阵

① 《一心为救国　奋战到胜利——记重庆南侨机工颜世国》，林少川：《陈嘉庚与南侨机工》，北京：中国华侨出版社1994年版，第185页。

地，以及停泊在港口的战舰全部摧毁。

3. 发挥语言、技术优势

南侨机工充分发挥语言和技术优势，多次被派往国外接车。1943 年 6 月 17 日，交通部滇缅运输局致电昆明修车厂，请求遴选具有语言优势者到印度接车：

昆明修车厂唐厂长览，仰即在该队华侨机工中，挑选技术优良能操英印语之华侨机工 8 名，立即准备跟随陆副局长飞往印度接车，仰即尊办并将机工名册为要。

局长萬沣修秘①

1944 年 10 月 20 日，滇缅运输局再次致电，请求昆明修车厂派 50 名南侨机工赴伊朗接车：

昆明修车厂览，奉令派机工 50 名赴伊朗接车等，因仰将能通英印语之华侨机工查明造册呈核由，贵厂机工内能通英印语之华侨机工，共有若干，仰速列选名册报局。

局长萬丰隆巧机考②

在中国远征军反攻期间，南侨机工还承担着翻译、修理军械等工作，他们尽己所长，以过硬的专业技能，竭力为中国抗战献一份力。南侨机工黄迎风参加远征军入缅作战，因中国远征军人员从领车到领料，从修车到学习装配，从问路到购物方面，都需要与英、美军人员联系，而他精通英文，会说马来语、福建话、广东话，被远征军选为翻译，成为三级英语翻译员，后被提升为校官。南侨机工殷华生，1943 年参加"美军陆军炮兵游动修理队"，在昆明干海子修理各种大炮，他回忆了和同伴一路随远征军从保山一直到印度的情形：

……随即出发到保山，分成两个分队，每队十多个人，分头开展工作。我（殷华生）编在第二分队，队长徐汉生，是海外归来的技师，专门修理望远镜及指南针，兼当翻译官。我则专门负责修大炮。有的大炮炮筒炸烂了，就换一个；撞针断了、秃了，要换、要磨；炮身因弹簧失灵、进退运转失灵，要调节；瞄准器失调打不准，要调整。经过我们抢修完毕，立即当场试验。官兵们都很满意。

① 《交通部滇缅公路运输局代电（1943 年 6 月 17 日）》，云南省档案馆藏，西南运输处档案，档案号：54－21－1672。

② 《滇缅运输局致昆明修车厂函（1944 年 10 月 20 日）》，云南省档案馆藏，西南运输处档案，档案号：54－21－1672。

我们先后到了下关、大理、凤仪、弥渡、巍山、祥云等处，为第 5 军、第 6 军、第 71 军、独立炮兵营、36 师等部队修理各类大炮。到处都有专车接送，很受重视，每地修完他们都要颁发给我们纪念奖状。我们到处抢修，大概搞了四五个月，主要都是在怒江以东工作，条件方便。此后，由于工作需要，就进一步向西挺进。

第二分队有五个美国人，由一个名叫克罗纳的中校带队，中国人中挑选出我们四个，一共九人，每人配备卡宾枪、子弹，食宿用品都是美军军用物资，由骡马驮着，就向西步行，跋山涉水，日夜兼程。……

到了怒江边上，我们早有准备，拿出了橡皮艇，顺利渡过怒江。又经四天跋涉，到达了象达。前面三四公里处，就是同日军作战的阵地。日夜炮声隆隆，前线把大炮拖回来，我们就马上抢修，修好立即就送上前线。有时，前线作战紧张，或者大炮太重，不便拖来拖去，我们就赶到前线抢修，一边修理，一边作战，截断了日军的退路。……

当美国人要转道昆明飞回国时，我们就在保山依依惜别。临别时，美军中校特别颁发给我们一张奖状，并一遍又一遍地叮嘱说："这不仅仅是一张奖状，而且是一张美国的特殊通行证，只要你拿着它到美国大使馆，任何时候都可以到美国来，后会有期。"①

南侨机工就是这样战胜险路、险情，屡破敌机封锁，把抗日运输线延伸到国外，将国际对华援助与国内需求对接，把战争物资和兵员源源不断地运送到抗战前方。他们中的一些人还献出了热血甚至是生命，或死于险道危崖，或死于疟疾、轰炸，与父母妻儿一步一天涯，生死两茫茫。

畹町南侨机工纪念碑管理所所长叶晓东是南侨机工的后代。他的父亲陈团圆为了隐藏身份，和当地傣族姑娘朗玉宝结了婚，但后来被人告密，遭日军活埋，当时叶晓东刚出生 3 个月。朗玉宝带着儿子四处躲藏，走投无路只能改嫁，叶晓东也随继父改姓叶。他最大的遗憾是手头连一张父亲的照片都没有，经多方找寻也一无所获。叶晓东回忆说：

"1942 年 5 月 5 日，滇缅公路跨越怒江的惠通桥炸断，尚未过桥的数百南侨机工遭到日军的搜捕追杀，我父亲就是那会儿被日军抓住并被活埋的，那时我刚出生不久……"

……

① 《由纪念碑落成引出的一段难忘的回忆——广西南侨机工殷华生自述》，林少川：《陈嘉庚与南侨机工》，北京：中国华侨出版社 1994 年版，第 157～159 页。

“关于父亲的事情我知道的很少，也没见过他的照片，15 岁那年，我才知道自己的亲生父亲是个不一般的人，是回国参加抗战的南侨机工。我试图去他遇难的地方寻找遗骨，但没有找到，现在只能在这里给他和他的弟兄们守碑，让更多的人知道，他们为祖国做出的功绩。”①

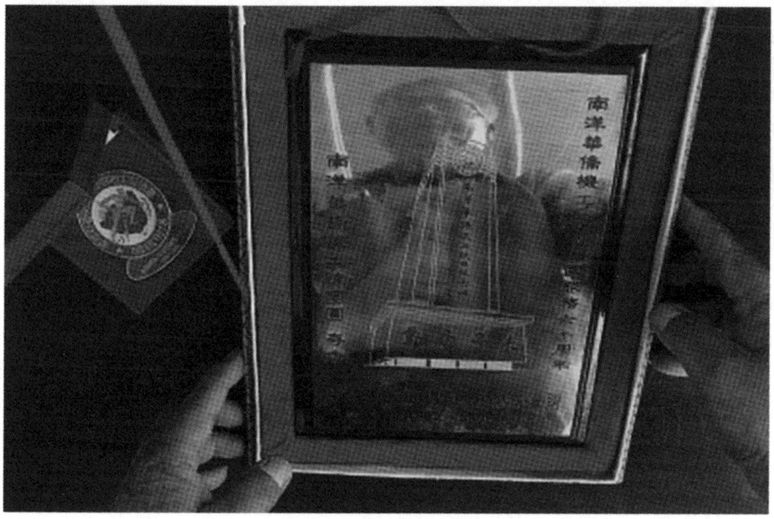

图6-14 刻有陈团圆名字的南洋华侨机工抗日回国服务六十周年纪念牌

毫无疑问，南侨机工在中国伟大的抗日事业中留下了极为浓墨重彩的一笔。在抗日战争的相持和反攻阶段，他们在国内机工技术人才匮乏的情况下，响应祖国的号召，担负起各种物资运输工作，不畏艰险行驶在高山峡谷中，用自己年轻的生命构筑中国抗战的军事补给通道，他们对中国正面战场抗战后勤补给的作用不可替代，为中国抗日战争和世界反法西斯战争的胜利作出重大贡献。他们凭借常人难以想象的坚忍行驶在这条既是生命线也是死亡线的滇缅公路上，用汗水和生命谱写了悲壮的篇章，国家不会忘记他们，历史会永远铭记他们的功勋。

① 白继开：《南侨机工》，http：//news. ifeng. com/a/20150820/44475804_0. shtml，2015 年8 月20 日。

图 6－15　南侨机工集体合影（部分）

第七章　铁骨铮铮：南侨机工名扬

一、巾帼英雄　不输须眉

在南侨机工的队伍当中，不乏巾帼英雄。如著名的“侨界花木兰”李月美，以及白雪娇等。她们不惧万水千山，毅然回国支持抗战，决心可嘉可敬。而且在当时的客观条件之下，身为女性，她们所遭遇的阻力可能更多，所承担的压力也更大，故而更加值得铭记和尊重。

1939 年 5 月 19 日，槟榔屿《光华日报》登载了《白雪娇的一封信》。文章中说，白雪娇即使明知父母会反对，仍选择回国支援抗战。后来的《白雪娇亦上前线》一文也说白雪娇为恐家庭阻挡而化名为施夏圭。

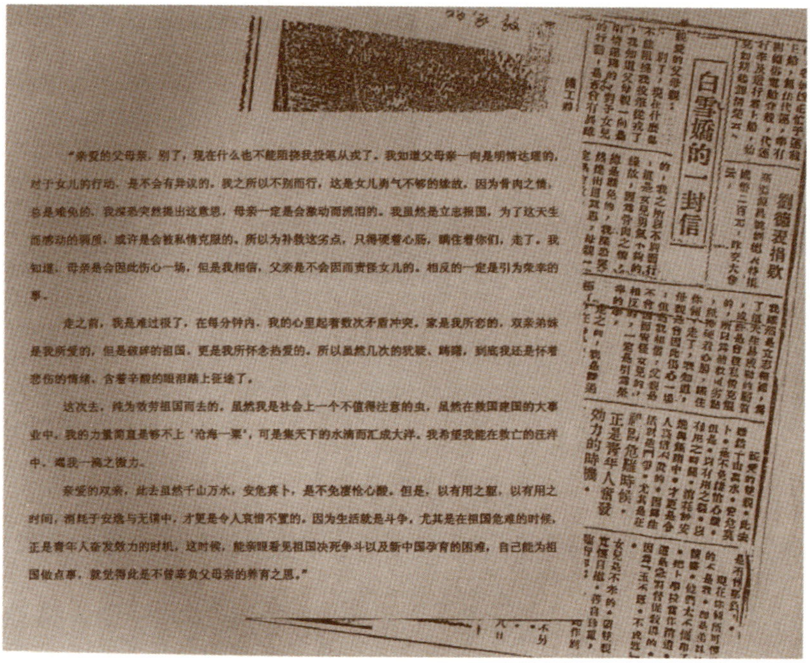

白雪娇的一封信

“亲爱的父母亲，别了，现在什么也不能阻挠我投笔从戎了。我知道父母亲一向是明情达理的，对于女儿的行动，是不会有异议的。我之所以不别而行，这是女儿勇气不够的缘故。因为骨肉之情，总是难免的，我深恐突然提出这意思，母亲一定是会激动而流泪的。我虽然是立志报国，为了这天生而感动的弱质，或许是会被私情克服的。所以为补救这劣点，只得硬着心肠，瞒住着你们，走了。我知道，母亲是会因此伤心一场，但是我相信，父亲是不会因而责怪女儿的。相反的一定是引为荣幸的事。

走之前，我是难过极了，在每分钟内，我的心里起着数次矛盾冲突。家是我所恋的，双亲弟妹是我所爱的，但是破碎的祖国，更是我所怀念热爱的。所以虽然几次的犹豫、踌躇，到底我还是怀着悲伤的情绪，含着辛酸的眼泪踏上征途了。

这次去，纯为效劳祖国而去的，虽然我是社会上一个不值得注意的虫，虽然在救国建国的大事业中，我的力量简直是够不上‘沧海一粟’，可是集天下的水滴而汇成大洋。我希望我能在救亡的狂洋中，竭我一滴之微力。

亲爱的双亲，此去虽然千山万水，安危莫卜，是不免要惦心的。但是，以有用之躯，以有用之时间，消耗于安逸与无谓中，才更是令人哀惜不置的。因为生活就是斗争，尤其是在祖国危难的时候，正是青年人奋发效力的时机，这时候，能亲眼看见祖国决死争斗以及新中国孕育的困难，自己能为祖国做点事，就觉得此是不曾辜负父母亲的养育之恩。”

图 7－1　机工白雪娇致父母的告别书

亲爱的父母亲，别了，现在什么也不能阻挠我投笔从戎了。我知道父母亲一向是明情达理的，对于女儿的行动，是不会有异议的。我之所以不别而行，这是女儿勇气不够的缘故，因为骨肉之情，总是难免的，我深恐突然提出这意思，母亲一定是会激动而流泪的。我虽然是立志报国，为了这天生而感动的弱质，或许是会被私情克服的。所以为补救这劣点，只得硬着心肠，瞒住着你们，走了。我知道，母亲是会因此伤心一场，但是我相信，父亲是不会因而责怪女儿的，相反的一定是引为荣幸的事。

走之前，我是难过极了，在每分钟内，我的心里起着数次矛盾冲突。家是我所恋的，双亲弟妹是我所爱的，但是破碎的祖国，更是我所怀念热爱的。所以虽然几次的犹疑、踌躇，到底我还是怀着悲伤的情绪，含着辛酸的眼泪踏上征途了。

这次去，纯为效劳祖国而去的。虽然我是社会上一个不值得注意的虫，虽然在救国建国的大事业中，我的力量简直是够不上“沧海一粟”，可是集天下的水滴而汇成大洋。我希望我能在救亡的汪洋中，竭我一滴之微力。

亲爱的双亲，此去虽然千山万水，安危莫卜，是不免凄怆心酸。但是，以有用之躯，以有用之时间，消耗于安逸与无谓中，才更是令人哀惜不置的。因为生活就是斗争，尤其是在祖国危难的时候，正是青年人奋发效力的时机。这时候，能亲眼看见祖国决死争斗以及新中国孕育的困难，自己能为祖国做点事，就觉得此是不曾辜负父母亲的养育之恩。

现在你俩所可怀虑的不是我，而是弟妹的读书。他们太不懂事了，把上学校当作消遣，这是急需督促教导的。因为“玉不琢，不成器”。

女儿是不孝的，望双亲宽怀自慰，善自珍重。临行匆匆，仅留此作别，后会有期。

叔父母均此，恕我不另。

最后，敬祝健康！

女儿雪娇留书

民国廿八年五月十八日

图 7－2　部分女性南侨机工合影

虽然女性南侨机工的总数并不多，但是她们同样奔波在充满危险的滇缅公路之上，要面对瘴气疾病高发、山路曲折艰难、敌机时时轰炸，面对饥饿和困苦、危险和灾难。比如“侨界花木兰”李月美就曾经在运输的路上发生过交通事故，翻车山巅。女性南侨机工的付出与艰辛，不应被忽略，她们的名字同样是南侨机工纪念碑当中一个重要的组成部分。

二、鞠躬尽瘁　视死如归

1939 年至 1942 年 5 月间，南侨机工们承担了抗日物资的运输工作，提供了军事物资来源、后勤补给，搭建了后方生命线，为中国正面战场上的抗日战争作出了巨大贡献。然而，这些贡献来之不易，南侨机工为此付出了巨大的牺牲。

山路艰险，气候诡谲，炮火轰炸，情况复杂，疾病多发，医疗落后，导致众多机工们，永远长眠在这条滇缅生命线上。

图 7－3 是国民政府为“华侨吴再春烈士殉职纪念碑”所撰写的内容。吴再春来自新加坡，原籍福建南安，1939 年 3 月加入南侨机工服务团第三批南洋机工队，返回祖国；任职期间，他驾车不辞劳苦、不畏艰难，任凭巍巍山路曲折九转，幽幽深涧傍路延绵，仍奔波驱驰在大西南的运输“生命线”上。1939 年 7

月 16 日，大雨，山间寒意弥漫，冷气难当。吴再春驾车，运载着军用物品，突然被迫停在路上。汽车机器突发故障，停滞泥泞之中；车上又未曾携带修理设备，无法修整上路。此时的吴再春已感染风寒，病体虚弱，需休息静养，忌淋雨受冻。可是他爱护公物，不忍将车和物资丢在路边放任不管，终究不肯离去，最终献出了自己年轻的生命。

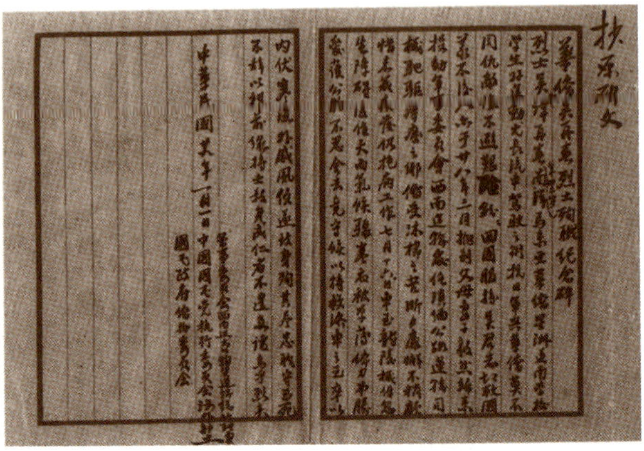

图 7－3　华侨吴再春烈士殉职纪念碑的碑文

图片来源：云南省档案馆藏，档案号：54－30－244－f 111。

云南省档案馆现存资料中，存有相当数量南侨机工因公殉职、伤病等的档案材料，我们可以找到周锬在 1941 年因公殒命的相关内容，也可以看到机工陈亚林在日军轰炸中不幸遇难身亡的相关记载，还可以看到机工潘福生因公致残的材料。

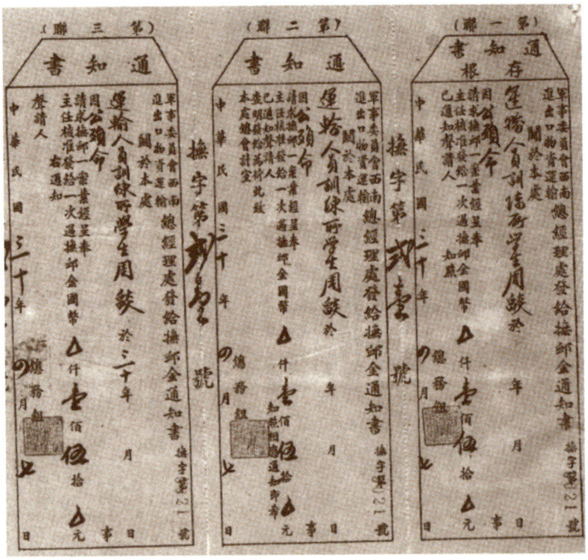

图 7－4　西南运输处为周锬因公殒命发抚恤金的通知书

图片来源：云南省档案馆藏，档案号：54－31－552－f 016。

据机工陈爵回忆，南侨机工回国为抗战服务，他们中有许多已葬身在敌机狂轰滥炸之下；有许多在滇缅生命运输线上执行任务时，埋身于深深的峡谷里；还有因为饥寒交迫，冻死、饿死在街头的。“1942 年，我在昆明汽车西站，遇见蔡进昌（小学同学，第五批回国），他告诉我说，曹进才（小学同学，第五批回国）开车运行在滇缅公路线上，因天气炎热，中暑发高烧，昏睡在永平车站。因无医，当晚牺牲在汽车驾驶室里……我们下车观看，原来是温仁和的车在躲让对面开来的车时翻倒了，温仁和的头卡进方向盘内。他在自己的工作岗位上，为祖国献出了年轻的生命。整个滇缅公路的运输就是靠这些抗日英雄们的壮烈牺牲来维持着。”① 南侨机工奔波在高危的山路上，类似上述的例子很多。

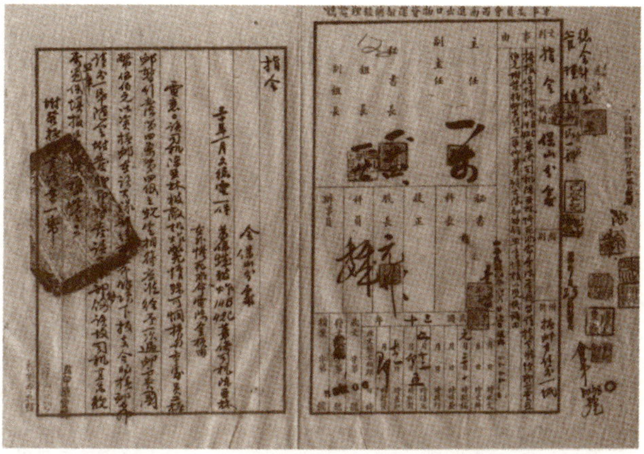

图7－5　西南运输处关于机工陈亚林被炸惨死的相关指令

图片来源：云南省档案馆藏，档案号：54－30－2909－f 118～f 020。

“据公路运输处转据该大队第十四械九队司机潘福生报告，该司机覆车受伤，拟请准给长假，归进南洋治疗等情。查该司机因公受伤，治成残废，情殊可悯。可参照个处员工抚恤暂行办法第三条第二项第四级规定，准给养伤费用国币二百五十元。”

图7－7为中华民国三十年（1941）八月七日，军事委员会西南进出口物资运输总经理处员工抚恤申请书，“本队司机白泰昌于二十九年十二月十四日出发保山，在关西三十二公里处翻车殉职”。

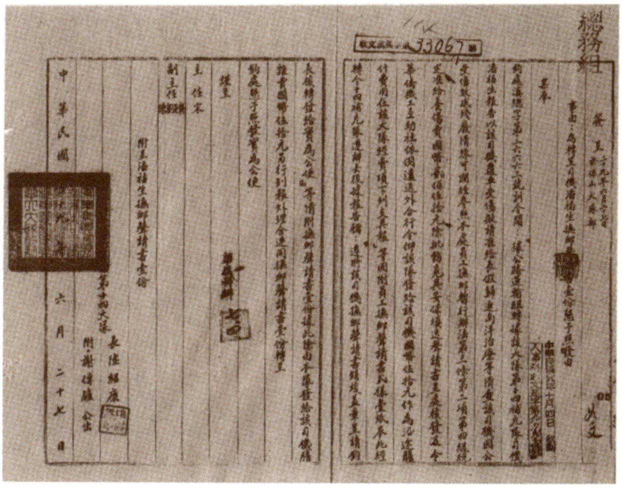

图7－6　机工潘福生翻车致残请恤呈及批文

图片来源：云南省档案馆藏，档案号：54－30－2909－f 114～f 016。

“仰光分公司钧鉴，案据临时第二中队队长雷震阳十一月十三日报告称‘窃查职队借用之华侨先锋第一大队司机薛杜因劳致疾，不幸于今（十三日）晨在腊戍地方医院逝世，业于今晚安葬竣事理合，报请钧核备案，并乞优予议恤是感德便’等情……”，如图7－8所示。

① 王兰英：《读先夫陈爵回忆录遗稿》，陈毅明、汤璐聪编：《南侨机工抗战纪实》，厦门：鹭江出版社2005年版，第24页。

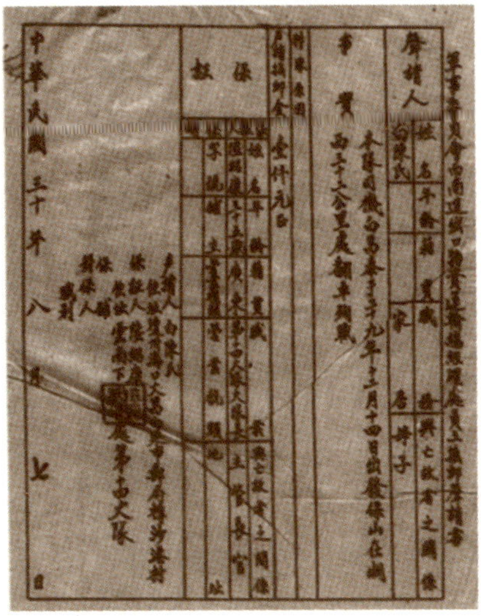

图 7－7　故机工白泰昌家书抚恤申请书

图片来源：云南省档案馆藏，档案号：54－30－2909－f 164。

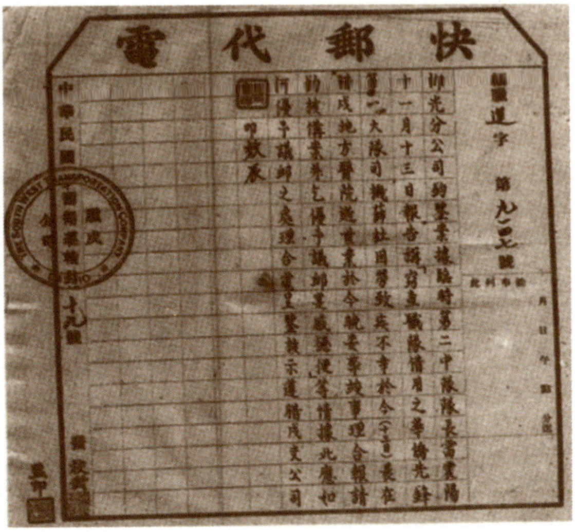

图 7－8　华侨先锋第一大队司机薛杜因劳成疾病故备案议恤代电

图片来源：云南省档案馆藏，档案号：54－31－552－f 051。

南侨机工的殉职、伤残，并非少数案例，也非个别情况。据统计，1939 年 4 月至 11 月短短 7 个月的时间里，由于传染疾病、敌机轰炸、翻车事故等而发生的车祸高达 24 起。南侨机工抵达祖国后，截至 1939 年 11 月 30 日，各运输大队上报给昆明总处的华侨机工殉职情况如下：

表 7－1　侨工因公殒命及病故一览表（截至 1939 年 11 月 30 日）

姓名	队别	职别	亡故帮战	亡故原因或日期	附记
李珍荣	第八运输队	司机	湖南长谷	覆车（车牌号：2310）	就地掩埋
李儒	十一大队 31 中队	司机	云南永平	覆车（车牌号：4338）	就地掩埋
吴金禹	一大队 1 补充队	司机	云南保山	覆车（车牌号：3938）	就地掩埋
洪金山	四大队 4 补充队	班长	贵州贵定	覆车（车牌号：4684）	葬贵定

（续上表）

姓名	队别	职别	亡故帮战	亡故原因或日期	附记
汤磐	十五大队 44 中队	小队长	广西大连山	敌机轰炸	就地掩埋
车健	十五大队 44 中队	小队长	广西大连山	敌机轰炸	就地掩埋
符气簪	十三大队 13 补充队	小队长	下关永平间	覆车	就地掩埋
洪金载	十三大队 13 补充队	司机	下关永平间	覆车	就地掩埋
梁登财	五大队 5 补充队	司机	云南永平	覆车（车牌号：7034）	葬永平
郑光前	十四大队 42 中队	司机	云南永平	覆车（车牌号：7350）	葬下关马建道地
刘满	十一大队 32 中队	司机	遮放	1939 年 5 月 10 日	葬遮放
林荣长	十一大队	机械军士	保山	1939 年 6 月 13 日	就地掩埋
胡光	十二大队	机械军士	昆明	1939 年 6 月 24 日	就地掩埋
吴再春	十二大队 12 补充队	司机	龙陵	1939 年 7 月 17 日	葬龙陵
黄锦州	十二大队 12 补充队	司机	龙陵	1939 年 7 月 19 日	葬龙陵
陈春香	一大队	机械军士	芒市	1939 年 8 月 15 日	就地掩埋
黄培	十三大队	机械军士	遮放	1939 年 8 月 26 日	葬遮放
苏永球	十四大队 42 中队	司机	云南永平	1939 年 9 月 5 日	葬永平
雷永成	十四大队 42 中队	司机	下关	1939 年 11 月 6 日	葬下关
共计 19 人					

资料来源：云南省档案馆藏，西南运输处档案，档案号：54－31－6490。

表 7－1 所记录的是在日军轰炸较少的情况下的数据。据此，我们可以想象，当日军攻势猛烈、炮火密集的时候，南侨机工伤亡殉国的壮烈情形。

第三编
捷报已传问归途

第八章　山水迢迢：机工复员路遥

1945 年 8 月 15 日，日本天皇宣布无条件投降。9 月 2 日，日本在停泊于东京湾的美国军舰密苏里号上正式签署投降书。至此，世界反法西斯战争暨中国抗日战争全面胜利，全国上下欢欣鼓舞，南侨机工亦然。但相比而言，他们更希望能马上回家与亲人团聚。然而，此时国内外的复杂的社会政治环境制约着他们的归期，也使他们的归家之路蒙上了一层阴影。

就国际环境而言，"二战"后，国家之间的人员往来受制于 1943 年成立的联合国善后救济总署（United Nations Relief and Rehabilitation Administration，以下简称"联总"）的管理和安排。"联总"规定，在中国避难的华侨，属于难民范围，他们若想返回居留地，须经中国政府与"联总"协商，同意放行；同时，要求难民所乘坐的交通运输工具，如轮船，其安排须遵守"联总"的规定。如果避难华侨需要返回居留地，将先由中国政府将他们送到规定的口岸，如香港、广州、厦门等地，待"联总"与居留地的政府商妥后，再由"联总"派船把人员送回原居留地。

从身份上看，南侨机工属于在中国的侨民，但又非避难华侨，因为他们是应中国政府的请求而返回祖国参与后方军事运输工作、支援抗战的，他们若想返回居留地，其程序及规定应有别于遣送难民的。然而，"联总"规定，"南侨机工遣送出国须与联合国善后救济总署洽商，方能解决"[①]。由此可见，国际的人口流动，无论是战时来中国避难的华侨还是战时返国援战的南侨机工，回原居留地时都须遵守这一规定。

为妥善办理南侨机工复员的事宜，协助他们返回居留地，1945 年初，中国政府成立行政院善后救济总署，负责与"联总"协商办理中国国内难民及战时归侨南返事宜。但此后，受国内外的复杂环境等制约，直到 1946 年 10 月第一批南侨机工才得以动身南返。

---

① 《侨务委员会等各部会呈报行政院资送华侨机工办法及会员记录》，谢培屏编：《战后遣返华侨史料汇编（第三卷）》，台北："国史馆" 2005 年版，第 306 ~ 307 页。

一、背景复杂　归期未定

（一）国内局势动荡

图 8－1　滇缅公路被炸

图片来源：http：//www. czmuseum. com/fi－les/103141/1505/x_b842813796. jpg。

一方面，抗战胜利后，国共两党的分歧日益凸显，关系也愈发紧张，国内局势越来越动荡，这影响了我国战后的政治、经济等发展，一些政府机构的工作开始出现滞后。例如，既承担国内大批难民返乡和救助工作，又负责组织办理难侨返回居留地工作的行政院善后救济总署，在抗战胜利后，虽将工作重点放在遣返难侨回原居留地，却没有充分考虑南侨机工的特殊性，没有及时把南侨机工复员作为专案处理，以致机工复员“一波三折”。另一方面，南侨机工复员南返问题所涉面广，需要侨务委员会、外交部、交通部、行政院善后救济总署等部门的协调，但每个部门的操作流程不完全相同，以致在一定程度上造成延误。此外，国内的交通设施，如主干道、运输工具等，在战争中遭到破坏，亟待恢复，这使国内外的人员往来、物资运输集中采用某种运输方式，也使运输压力集中到某一条或某几条道路，制约了南侨机工的“归家路”。

（二）国外限制入境

“二战”后，在共同利益的驱使下，英国重返马来亚、法国重返印度支那、荷兰重返东印度，企图合力重建“二战”前殖民体系。因此，东南亚各国政府根据国内实际情况制定不同的移民政策，对移民入境加以限制。“对于侨胞复员事宜，有规定返境条件的，有规定返境手续的，有规定返境人数的，有规定返境时间的，有规定返境后之生活问题的，甚至有藉辞排斥，故意作难的，都要循外交途径，分别交涉、成功以后，复员方能实现。”①

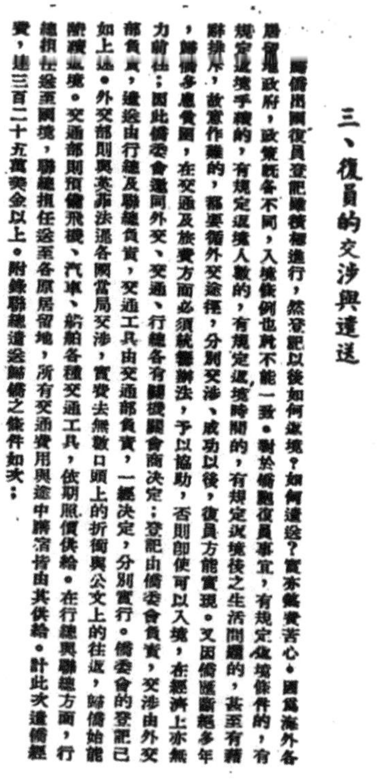
三、復員的交涉與遣送

歸僑出國復員登記雖積極進行，然登記以後如何出境？如何遣送？實亦煞費苦心。因爲海外各居留地政府，政策既各不同，入境條例也就不能一致。對於僑胞復員事宜，有規定返境條件的，有規定返境手續的，有規定返境人數的，有規定返境時間的，有規定返境後之生活問題的，甚至有藉辭排斥，故意作難的，都要循外交途徑，分別交涉、成功以後，復員方能實現。又因僑匯斷絕多年，歸僑多患貧困，在交通及旅費方面必須統籌辦法，予以協助，否則即使可以入境，在經濟上亦無力前往；因此僑委會邀同外交、交通、行總各有關機關會商決定：登記由僑委會負責，交涉由外交部負責，遣送由行總及聯總負責，交通工具由交通部負責，一經決定，分別實行。僑委會的登記已如上述。外交部則與英荷法暹各國當局交涉，費去無數口頭上的折衝與公文上的往返，歸僑始能辦理出境。交通部則預備飛機、汽車、船舶各種交通工具，依期照價供給。在行總與聯總方面，行總擔任遣送至各原居留地，所有交通費用與途中膳宿皆由其供給。計此次遣僑經費，達三百二十五萬美金以上。附錄聯總遣送歸僑之條件如次：

图 8－2　《侨胞复员概况》中关于南侨机工复员的交涉与遣送的具体要求

以马来亚为例。抗战胜利后，入境马来亚的手续变得复杂。难侨想返回马来亚必须先在限期内提出申请，当地中国领事代表将相关申请转送英国领事馆和新加坡民政署核办，待核准后才准予返回。同时，马来亚政府限制南侨机工的入境名额，要求南侨机工申请返回必须提供中国政府出具的相关证明，而且必须在证明中写明居住期内的经历、居住时间等。这日益复杂的入境手续，使南侨机工的复员和南返均须经由中国外交、领事部门与英属马来亚政府的协商和交涉。

二、方法未出　前路难行

“二战”胜利后，为使南侨机工复员南返顺利实现，在国内华侨机工、社会舆论以及东南亚华侨社会各界的呼吁和努力下，我国政府多次组织召开机工复员会议，希望尽早制订南侨机工复员南返方案，确定南侨机工复员办法。

（一）第一次南侨机工复员南返会议

1945 年 11 月 7 日，第一次南侨机工复员南返会议在重庆召开。与会人员包

① 行政院：《侨胞复员概况》，南京：行政院新闻局 1947 年版，第 9 页。

括侨务委员会的甘云、王开尘，交通部的杜湘，运输管理局的臧其吉，外交部的叶洪泽，行政院善后救济总署的欧阳治和时任南侨总会常驻滇缅公路代表的庄明理。会议主要关注南侨机工失业和生活救济问题，没有涉及机工复员南返实施方案以及给予机工荣誉和奖金的问题，也没有确定负责南侨机工复员事宜的具体机构：

（一）关于昆、筑失业侨工在未出国之前行政院转饬军政部后方勤务司令部及战时运输管理局尽量优先录用。

（二）救济昆、筑侨工七百余人在失业时期之生活费，请行政院拨专款救济。

（三）关于昆、筑侨工复员返回原居留地，由侨务委员会函商善后救济总署优先遣送。

（四）关于侨工复员出国手续，由外交部分向有关政府交涉办理。

（五）其余各项由侨务委员会分别函商有关机关核办。

1946 年初，侨务委员会将整理好的会议报告呈送至行政院。其中提出：①请行政院拨专款作奖金，分发给此批机工；②请行政院善后救济总署按照归侨复员办法予以遣送；③由本会按照登记名册及地址分别给予奖状。①

第一次会议的召开使南侨机工复员之事被提至政府的议事日程，中国政府也开始着手准备南侨机工复员南返事宜。然而，在具体操作中，南侨机工的遣返费用由谁负责、南侨机工的入境问题应与谁交涉等，成为政府必须考虑的问题。

为使南侨机工尽早复员南返，海外社团组织代表、侨领做了许多工作。1946 年 1 月 17 日，新加坡司机公会、新加坡司机互助社、新加坡机器互助社举行座谈会。参会代表请南侨总会派员前往昆明，救济在中国服务的南侨机工，协助中国政府处理南侨机工复员事宜，同时，请中国政府负责南侨机工遣返费用。

随后，庄明理在接受新加坡《南洋商报》记者的采访时说：“去年（1945）10 月底，侨务部联合行政院等机关举行联席会议，认为要求极为合理，即席通过。然政府对于奖励金之数目尚不能确定多少，须申请中央批准，但此次会议以后，一直到去年（1945）11 月底 12 月初，政府当局都没有任何办法公布。我去侨务部催询，海外部再召集一次会议，追认第一次联席会议之办法，并答应从速办理，到 12 月底，我又到救济总署及行政院去查，据说关于紧急救济部分已交侨务部办理，关于遣散部分已交善后救济总署办理，但是直到今年 3 月尚未见实

① 《侨务委员会等各部会呈报行政院资送华侨机工办法及会员记录》，谢培屏编：《战后遣返华侨史料汇编（第三卷）》，台北：“国史馆”2005 年版，第 306 页。

行……在这次南返的前两天（3 月 10 日）最后一次去到侨务部，说明华侨机工南返的心切。”

同时，华侨互助会组织开展南侨机工复员登记工作，并将名单呈交给行政院，但一直未有进一步的消息。为此，1946 年 3 月 2 日，华侨互助会常务理事白清泉、总干事邱新民亲自到重庆请愿，到相关部门了解情况，可惜“都是个别的承诺，而没有总的协调和批示”。3 月 13 日，白清泉、邱新民将请愿信呈递至国民党五届二中全会，事情才有了眉目，行政院承诺办理南侨机工复员南返专案，行政院善后救济总署也同意优先遣送南侨机工：

查回国服务机工，乃应国民政府行政院电令南侨筹赈总会主席陈嘉庚号召服务者，理应专案办理，于是乃举行复员总登记，先第一期登记，及昆明、贵阳，川滇东路、滇缅公路及重庆等地，及 1 712 人，内机工 1 131 名，眷属 581 名，予以专案办理。[①]

1946 年 5 月 5 日，在南侨机工回国服务七周年纪念大会上，与会南侨机工以“南洋华侨机工服务团”名义致电外交部长王世杰，请求政府向新加坡交涉入境问题：

……查入境手续早蒙钧部允向英方交涉在案，而至今尚未获批示，时日迁延，未知今日何时始能遣送耶！兹以南侨机工回国服务七周年纪念大会于云南省党部举行之际，经全体议决通过，具文请钧座讯向英方交涉请准予入口，俾侨工等能早日返回侨居地回复旧业，重见父母兄弟，则当铭感靡尽也。[②]

1946 年 6 月 1 日，陈嘉庚在《南洋商报》等上刊登《南侨总会通告第十九号》，呼吁各地筹赈会筹款协助机工南返。6 月 8 日，侨领刘伯群、许生理也请求驻新加坡总领馆代其分别致电外交部、行政院、海外部、侨务委员会、交通部等，请求尽快解决机工复员南返的相关问题，将滞留重庆、昆明的南侨机工送返居住国。

1946 年 6 月 16 日，为呼吁各筹赈会筹款以接回本国机工，南侨总会在吉隆坡召开关于机工复员的会议，来自槟城、太平、吝株巴辖、巴双、彭亨、新加坡

---

① 转引自邱新民：《艰难的行程》，新加坡：文学书屋 1985 年版，第 34 页。

② 《华侨机工服务团电请外交部长王世杰向新加坡英当局交涉入境》，谢培屏编：《战后遣返华侨史料汇编（第三卷）》，台北：“国史馆”2005 年版，第 294 页。

六地的代表到场。会上，各地代表均表示，遣返机工、协助机工复员是国民政府应尽的义务，各分会无须为南侨机工复员筹款，但应制定出督促中国政府遣送机工的办法。

陈嘉庚在南侨总会召开吉隆坡会议后，向国民政府驻新加坡总领事伍伯胜发函，表达南侨总会代表对机工复员事宜的关切；同时表示，总会已成立南侨机工救助小组，协助政府处理南侨机工复员事宜，并已推派自己和庄明理、陈可用、何炽祥、蔡伯祥为小组具体成员。

伍总领事由稿[①]

迳启者，关于请求政府遣送华侨机工南返事件，前经马来亚各区筹赈会于六月十六日在吉隆坡开会议决，依据总领事馆拟定之援助办法，请求阁下专责办理，并定以两阅月为期。如未能达到目的，更求阁下躬返南京，切实向政府要求，以去就力争，必达遣返机工之目的而后已。当场推派陈嘉庚、庄明理、陈可用、何炽祥、蔡伯祥五人为代表，携带书面前来面陈。所有上开各情，经庚等五人于六月十九日赴馆谒述，当蒙接纳，允予照办。光阴荏苒，迄今期届两月，虽前后迭获召示与政府有关当局函电接洽经过，具见关切，但实际上迄未见国内机工有任何人被遣送南回情事。而且，本月五日，犹来昆明机工申诉二百余人救济费罄，将在绝粮，亟盼南返之电讯。政府何以对于办理遣送迟未成事，殊属费解。本会职责所在，谨复依据大会限期两月之决议，重行致函。请求总领事阁下，珍惜然诺，尊重公意，迅行电请政府克期遣送，如仍无确讯可知，应乞代表侨民躬赴南京，以去就力争，期达目的而后已。兹据前情相应函达，即请查照并即惠覆为荷。此致

驻新加坡总领事　伍

马来亚各区华侨筹赈会
援助华侨机工复员代表大会
新加坡南洋华侨筹赈祖国难民总会
主席陈嘉庚
卅五年八月廿一日

6 月 19 日，陈嘉庚为机工遣返事宜，亲自与四位代表如约到驻新加坡总领事馆拜见伍伯胜，并当面提交机工南返的具体要求和 6 月 16 日吉隆坡会议的决议案：

---

① 《陈嘉庚促办南侨机工复员的信函》，《华侨华人历史研究》1988 年第 1 期。

> 限期驻星（新加坡）总领事馆专责办理，机工及家属于二个月内由中央尽数设法遣回，未遣送前救济其生活。在国内者，鉴于回国热诚酌予雇佣，两月内候送返，请总领馆躬回南京，向政府去据理力争，务达遣回目的。①

这些具体要求使驻新加坡总领事伍伯胜面临巨大压力，他先后多次致电中国外交部，请求迅速制订机工南返方案。伍伯胜认为，陈嘉庚虽然“借此口实攻击中央，……但无论如何，遣送机工南返，中央事在必办”。外交部也认为，南侨机工遣返“如不获适当解决，南洋各地侨情汹涌，总领事馆难以应付，可能引起不良后果”。海外部更是指出，“机工在抗战时期，相忍为国，今胜利复员，一般侨胞多已返回居留地，而此批机工则流落内地，贫病困苦，失业受屈，不一而足”，如不妥善资送，“实无以对海外侨胞”。因此，对于机工复员事宜，政府“确无再推延遣送责任之理”。

（二）第二次南侨机工复员南返会议

迫于国内外的压力，国民政府于1946年6月18日，再次委托侨务委员会组织行政院、海外部、行政院善后救济总署、外交部等相关部门召开第二次南侨机工复员南返会议，以解决南侨机工的奖金数目问题、入境问题等。会议明确了遣返南洋华侨机工的办法，规定由侨务委员会给南侨机工签发服务证明；外交部免费帮南侨机工办理护照；行政院拨专款补贴南侨机工回原居留地所需的旅费、服装费，并负责将复员南返的南侨机工送至广州、汕头、厦门等出海口岸集中，商请“联总”接送其至原居留地。

同日，陈嘉庚致电蒋介石，要求国民政府资助南侨机工南返。电文②兹列如下：

> 国民政府主席蒋，行政院长宋钧鉴：
>
> 抗战初期，应命募汇华侨及三千余名，胜利迄今，未蒙遣返，甚有流落昆明及他处，失业无告者，数百名，惨不堪闻，彼等为国服务，政府应给资助救济及南回，本会同此请命，除商星总领馆代恳外，谨电奉闻。
>
> 马来亚各区华侨筹赈会援助华侨机工复员代表大会叩

① 《驻新加坡总领事伍伯胜呈报外交部办理遣返南洋华侨机工情形》，谢培屏编：《战后遣返华侨史料汇编（第三卷）》，台北：“国史馆”2005年版，第322页。

② 《总汇新报》，1946年6月25日。

然而，由于抗战胜利后，陈嘉庚与国民政府之间的关系已不如战前密切，这电文并未能对南侨机工的复员起到实质性的作用。“本总会曾发电向最高机构，……要求机工复员。然自民（国）二十九年冬，余报告陈仪祸闽之后，中央政府即与本总会断绝消息，虽曾汇款数千万元，及发去函达不下数十次，一字绝不回复，……固知虽由本总会要求，亦无效也。”①

1946 年 6 月 21 日，侨务委员会将第二次南侨机工复员南返会议决议呈报给行政院，可惜此次会议对各部门的分工仍不明确，使一些工作难以进行。由此可知，侨务委员会组织召开两次复员南返会议后，南侨机工复员事宜仍未有较大进展。

针对这一情况，1946 年 7 月 3 日，行政院善后救济总署再次组织会议，请侨务委员会、外交部等部门与其协商南侨机工复员的分工安排，明确各部门的具体职责：

> 关于工作分任：侨务委员会办理登记及证明事项，外交部办理护照及对外交涉，“行总”“联总”分别根据双方规定办理遣送事宜。
>
> 关于南侨机工之遣送：侨务委员会办理调查及登记手续后，其全部名册须经由“行总”转送外交部核发护照并交涉准许入口事宜，然后方由“行总”“联总”分别办理遣送，并以广州为集中地点。②

至此，南侨机工复员南返的具体操作方法正式出台。

三、问题不断　好事多磨

李朴生于 1944 年发表在《华侨先锋》上的文章《战后侨民复员八大问题》，从中国政府的角度出发，详列侨民复员所面临的问题，并用较大篇幅阐释哪些侨民有权利复员，以及政府各部门应如何通过厘清职权来减轻工作负担，如何通过与侨居地政府交涉简化入境手续等。

---

① 《南洋商报》，1946 年 6 月 1 日。

② 《行政院善后救济总署函外交部抄附遣侨问题会议记录请查照》，谢培屏编：《战后遣返华侨史料汇编（第三卷）》，台北：“国史馆”2005 年版，第 331 页。

二、復員登記

戰事收復緬甸以後，繼而日本投降，戰事宣告結束，所有海外各地因受戰事影響逃難回國，或戰前[illegible]未能出國的僑胞，都想返回僑居地重理舊業。於是僑委會在三十四年十一月舉行僑胞出國復員登記。當時通告要點如下：

（一）申請出國登記者，須呈驗海外帶來之證件，及本會核給之登記表，如無此表，必須補填。

（二）登記範圍爲緬甸、越南、暹羅、馬來亞、印度、及美歐非澳各地歸僑。

（三）登記後，按照地點及輔助部份交通工具，分別編列號碼，俟得一僑居地入境問題解決後，可以通行時，即依照次序遣送出國。

（四）歸僑出國之輔助分爲三項：

（甲）凡具相當財力者，自行擔負旅費，但本會或各[illegible]代爲[illegible]以資便利。

（乙）貧僑經查屬實者，給與全費待遇。

（丙）因戰事影響無力籌足旅費經查屬實者，給予半費待遇。

（五）列入乙項之貧僑，并得酌給途中[illegible]若干。其列入丙項者，得酌給半數，但因五丙條之規定，[illegible]適用於二十六年七七抗戰後回國之僑民。

（六）歸僑由陸路出國，集中地點暫定爲重慶、貴陽、昆明三處。由重慶出國者，歸本會直接主持；由昆明出國者，歸雲南僑務處主持；由貴陽出國者，歸僑委會駐筑特派員主持；由[illegible]出國者，另由該省僑務處局登記辦理。

（七）各僑居地可以通行，及何時有船開出，與持何號碼之僑民可以附搭者，均于事前在僑務委員會門前公告。

當時因遣僑經費尚未籌備就緒，故有四、五、六、七各條的規定。後來遣送的責任劃歸給行總及聯總，僑委會才能專心辦理復員登記事宜。登記範圍在大後方則分重慶、貴陽、昆明各區，在地方則分廣州、汕頭、江門、海口、福州、廈門各區，同時辦理。柳州方面亦派員前往登記。登記內容，分爲有海外證件與證件遺失兩種：前者則給予復員證明書及登記證，可以逕向外交部領取護照，南洋行[illegible]遣送，并將名冊分批函送行總轉[illegible]核辦。後者則給予證件遺失的證明書及登記證，作爲根據，一面將名冊送請外交部，轉向各居留地政府交涉入境，必俟交涉就緒，方得出國。計此案自撰具辦法，設處登記，審核證件，造具名冊，由三十四年十一月辦至三十六年三月始告一段落。統計人數，凡證件合格者共七三、九〇〇人，證件遺失者七、八九九人，附列表[illegible]如後：

图 8-3 《侨胞复员概况》中关于南侨机工复员登记的具体要求（节录）

南侨机工属于侨民中的一类，国内制度、方案的出台，国外相关建议的提出，虽使机工明白自身是有权利复员的，也对如何申请有了一定的了解，却没有真正站在政府的立场上思考问题，思考如何提高工作效率，使机工尽早复员回原居留地。例如，《马来亚应募返国服务侨工复员办法建议书》明确了复员理由：首先，南侨机工已完成自身的历史使命，理应与家人团聚，且抗战结束，“万民均已着手复员，而侨工代表海外数千万侨胞返国，尤当使其复员，重返平时生活，自当重返南岛，复命慰励海外父老兄弟姐妹”；其次，南侨机工回国数年，在侨居地的生活、事业可能有巨变，亟须重整，于情于理，政府都应遣送其回侨居地；最后，南侨机工复员后，能成为向海外宣传祖国文化等的重要力量，有助于提高政府在海外的影响力。同时，就机工复员登记、政府职责、机工应得奖励、对禁闭南侨机工的处理等提出了建议和要求：第一，由云南华侨互助会负责归国南侨机工登记事宜；第二，请政府承担在交通运输、与机工侨居地政府交涉、予以机工奖励等方面的职责；第三，请求政府赦免“因案而受拘禁，尚未判决，或已判决而未到期”的南侨机工，使其能复员回国，与亲人团聚。但是，

《马来亚应募返国服务侨工复员办法建议书》没有就复员的实际工作提出建议，没能充分发挥侨社、侨领和政府在复员工作上的作用。

由于上述原因，南侨机工在复员时面临的第一个问题是身份。在国内，侨务委员会负责侨民登记，华侨互助会予以协助；而部分殖民地国家，其当地殖民政府则派员到中国负责重返华侨登记，如英国政府就派人赴中国负责“战后重返英国属地”的华侨登记。华侨互助会，作为民间社会组织，其登记手续相对简单，机工只需提供自己的身份证明即可。但是，申请者情况不定，有因证件遗失而不得不先重办证件的，有开始申请登记随后又取消登记的，有因在中国成立家庭，登记时遗漏家眷而需重新登记的等，这些都给登记工作带来了不便。例如，机工郑亚妹刚开始仅登记了自己，后来因其妻子要求随同南返而再次登记。又如，机工郑光昌“在渝结婚数年”，本拟独身返侨居地后再来迎接妻子，后因其妻“由渝来昆，拟随同南返”，必须重新登记。

而那些由政府主导的侨民登记，手续则相对复杂，具体包括申请华侨居留证、护照，申请身份证明、申请入境等；且对南侨机工身份真实性的确认工作十分重视，因此会对申请登记的机工进行严格审核，譬如会要求申请人在登记前，除相关证明文件外，提交一份介绍其个人身体状况、经济情况、受教育水平等的简单材料。而且，若有家属及子女将随同南返，那么也同样需要办理申请居留证、护照，提供证明材料等手续。此外，南侨机工大多居住在西南地区，交通、信息均不畅。这些情况使南侨机工登记工作的完成时间大大延长，由一个月增至十个月。

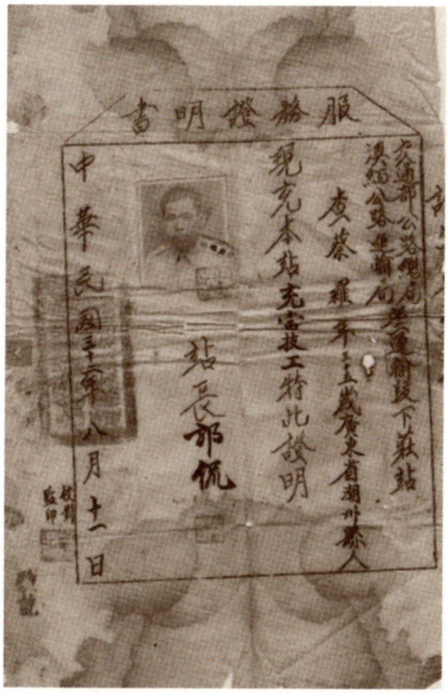

图 8－4　南侨机工回国服务证明书

南侨机工复员所面临的第二个问题是交通。当年来华的南侨机工，分数批前来，有 3 000多人，除去战时牺牲或选择留在中国的，仍有近 1 000 人。这 1 000 人回侨居地大多选择把家眷带上，以致遣返人数有 1 000 多人。与战前、战时不同，滇缅公路等交通道路已堵塞，很多桥梁也已经被日军炸断，想从西南地区将复员机工送至广州、香港等渡口并不容易。而且，运送机工回侨居地的轮船数量有限，每艘船能承载的人数也有规定，以致部分机工不能如期返家。

南侨机工复员所面临的第三个问题是入境。当时的侨居地政府对中国侨民仍持歧视态度，将之归为“非欧洲人”之列，这使侨民在生活等方面遭受不平等待遇，享有的权利也远少于“欧洲人”。南侨机工是侨民，更是主动回祖（籍）国支援抗战的侨民，其所站的立场与侨居地政府或多或少有区别。这使南侨机工较难获得侨居地政府的入境许可。

南侨机工复员所面临的第四个问题是就业。南侨机工在来华抗战前，大多数是放弃家业而来的，回侨居地后，不少人是无经济来源的。而留在中国的机工，也有部分人已失业，生活面临困难。如服务于美军的留滇机工中，有300多人相继失业。更有统计数据指出，抗战胜利后，南侨机工失业者达700人。由于中国政府发放荣誉证书及奖金的耗时较长，因此，尽早实现就业，成为相当一部分南侨机工的最大渴求。

正是因为复员所引出的种种问题，南侨机工的复员之路一波三折。

四、合力推动　得踏归途

1946年10月至1947年，中国政府陆续组织南侨机工复员南返。然而，尽管南侨机工复员办法已经出台，但南返前期仍有大量准备工作需要完成，包括机工复员及家属名单登记、入境交涉、与“联总”协商等，因此，需要政府各部门的协调配合，也需要华侨互助会、东南亚地区各地侨社的协助。

（一）政府部门为机工复员做好安排

1. 行政院善后救济总署负责联系联合国善后救济总署

按照遣送分工职责，行政院善后救济总署负责与联合国善后救济总署协调遣送南侨机工事宜；同时负责与运输部门联系，将各地机工运送至广州、香港等渡口，指引他们登船返家。具体流程是：行政院善后救济总署先将复员机工的名册转交给“联总”，请求“联总”优先签署同意并安排好接载机工的出国船只。然后，将机工名册分发至昆明、贵阳、重庆等输送站，要求各输送站优先将机工运输至各渡口，并在机工抵达渡口之前，派专员赴香港办理交接手续。待与“联总”香港办事处等协商后，行政院善后救济总署再提前告知外交部的特派员，请其派相关人员协助办理南侨机工出国手续。

2. 外交部负责机工入境交涉及办理护照

（1）交涉机工入境事宜。

“二战”后，东南亚各国政府实行严格的移民入境政策，因此，南侨机工入境须经中国外交部门的交涉。南侨机工原居留地的入境政策，因机工居住的地区不同而各异，与菲律宾、越南、荷属东印度等宽松的入境政策相比，英属马来亚的入境条件显得尤为苛刻且多变。

早在 1945 年 9 月 10 日，外交部已就中国侨民返回英属马来亚一事与英方代表交涉，当时英方口头承诺，交通恢复后，“凡有适当证明文件，或文件遗失，经本部查明属实，不附任何条件均可入境”。1946 年 5 月 5 日，外交部告知各地南侨机工服务团，“英方对于华侨返回马来亚，现并无限制，惟（唯）申请入境者，须由当地中国领事馆代表转送新加坡民政署核准”①。但由于机工尚待登记、手续不能及时办理等，复员机工错过了相对宽松的入境时机。第二次南侨机工复员南返会议后，南侨机工复员的具体操作方法正式出台，外交部便着手委托中国驻新加坡总领事馆负责与当地政府就南侨机工入境进行交涉。可惜，当地政府以局势困难为由，严格限制南侨机工的出生地、出生时间，并要求复员的南侨机工提供当地居留证：

暂时只能允许凡属在此出生或曾于 1942 年以前在此居留之人士返马，该批机工凡能证明符合此例者，均得返马；其已结婚者，并得携眷，具马凭证为当地移民局所发之外人居留证（Certificate of Admission），如确系在马出生或居留而遗失证件者，应由在马戚友代向移民厅做（作）证。②

外交部随后将南侨机工第一期复员名单转交给新加坡移民厅审核。同时，驻新加坡总领事馆领事伍伯胜于 1946 年 8 月 27 日与抵新（加坡）的联合国善后救济总署驻香港办事处主任 Clarke 就优先输送南侨机工进行商谈，双方最终达成协议。外交部则于 1946 年 9 月 4 日和 9 月 7 日分别致电行政院善后救济总署及侨务委员会，请求两部门提前将南侨机工运送至渡口，“恳转知行政总署运送该机工至各口岸”。1946 年 9 月 20 日，英属马来亚政府答应按照名单准许第一批复员机工及其眷属入境，该批机工共 1 335 名。相较而言，越南政府的入境要求相对宽松：只要是 1937 年起，因服务战事而赴中国的华侨，都可以在战后重返越南谋生。1946 年 9 月 21 日，为加快运送南侨机工的进程，尽早完成机工复员工作，外交部致电行政院善后救济总署和侨务委员会，要求其迅速办理南侨机工返回马来亚的入境手续，尽快将滞留昆明、重庆等地的机工运送回新加坡。

历经近三个月的艰难交涉，在外交部的努力下，南侨机工的入境问题得到有效解决。

---

① 《外交部函附侨务委会员关于马来亚返国华侨机工出国手续交涉经过节略》，谢培屏编：《战后遣返华侨史料汇编（第三卷）》，台北：“国史馆”2005 年版，第 289 页。

② 《驻新加坡总领事伍伯胜电外交部请寄遗失证件华侨机工及侨眷名单以便向马来亚移民局领取入境证》，谢培屏编：《战后遣返华侨史料汇编（第三卷）》，台北：“国史馆”2005 年版，第 330 页。

（2）协助办理机工护照及入境签证。

南侨机工回国服务近八年，护照等相关证件或已遗失或已过期，其返回侨居地前必须重新办理证件和申请入境签证。同时，复员机工的家属随其回家也需要办理护照和入境签证。为确保南侨机工顺利返家，外交部对南侨机工及其家属办理护照和签证实行优待政策。护照方面，外交部会先给机工及其家属核发临时护照，昆明当地的机工较集中，因此其护照由昆明特派员公署核发；贵阳、重庆等地机工相对较少，因此由“两广”特派员派人就地办理。办理时，免收或酌收护照的工本费。签证方面，外交部命令云南及“两广”特派员到广州进行现场办理。在发给南侨机工及其家属正式护照的同时，办妥其入境签证。

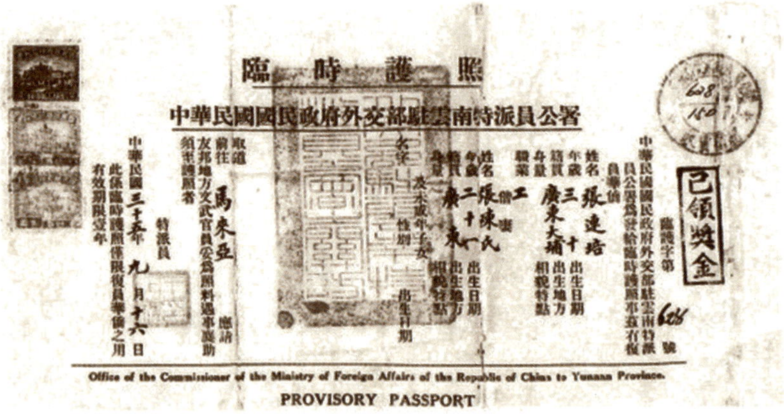

图 8－5　临时护照

综上所述，南侨机工复员工作的具体流程是先由行政院委托侨务委员会召开专门会议，安排机工复员的具体工作。然后由外交部出面与东南亚各国政府交涉机工入境事宜，并帮助复员机工办好护照及入境签证。再由行政院善后救济总署与“联总”沟通联系，确定输送南侨机工回侨居地的方式。可见，政府各部门，尤其是外交部、行政院善后救济总署、侨务委员会，是机工复员工作顺利完成的有力保障。

（二）华侨互助会协助做好机工登记及奖金、证书发放等工作

在机工复员之前，政府必须为机工做好复员相关信息登记，给机工发放荣誉证书和奖金。但由于人员、时间有限，华侨互助会主动承担起这些工作，提高了机工复员登记工作的效率，促使外交部能够及时将复员名单送交侨居地移民工作管理部门审核。

1. 南侨机工的复员登记

要做好机工复员工作，必须先了解有多少在中国的南侨机工是希望回去的，而这些希望回去的人当中，又有多少人证件遗失或过期，有多少人携带妻儿。为确保在岗机工及偏远地区机工登记工作及时、到位，在侨社、侨领的建议下，政府先在昆明、重庆、贵阳、桂林、柳州等地设立机工接济所，登记、收容机工；接着，发布全国通告，在各省报刊登载告示，或在交通要道、要站张贴公告，要求机工于一个月内申请复员；确定名单后，再由政府通令各车站免费运送机工。

華僑登記證
Certificate of Registration

图 8－6　槟城机工汤耀荣回国华侨登记证（图片提供　汤晓梅）

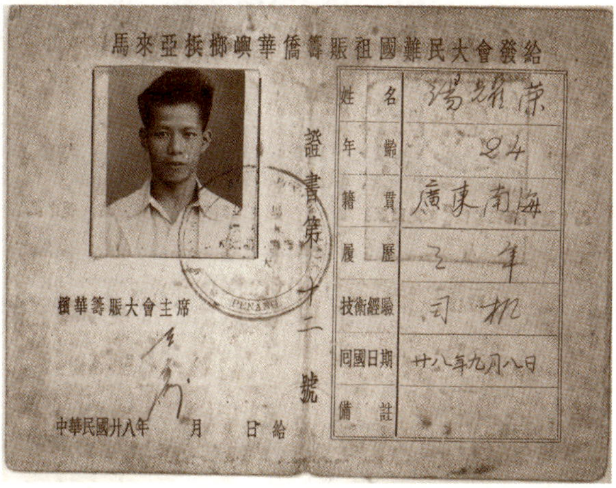
馬來亞檳榔嶼華僑籌賑祖國難民大會發給

證書第十二號

姓名	湯耀荣
年齡	24
籍貫	廣東南海
履歷	三年
技術經驗	司机
回國日期	廿八年九月八日
備註	

檳華籌賑大會主席

中華民國廿八年　月　日給

图 8－7　槟城机工汤耀荣回国证书（图片提供　汤晓梅）

华侨互助会的南侨机工登记工作在 1946 年初正式开始，并派专员到昆明、贵阳（陈金有）、毕节（刘敏修）、重庆（陈烈辉）等地的登记站负责登记工作。此外，还在互助会内设联络员负责各地区联络工作，其中，康文风负责昆遮线、林朝云负责昆泸线、陈忠烈负责川滇线（重庆）。计划于一个月内完成机工复员登记工作，后因交通、信息不畅等致使这项工作延长至十个月。

华侨互助会先后共登记了三批复员南侨机工。第一批人数最多，共有 1 203 人，其中英属马来亚地区的有 1 061 人。经审核后，符合机工条件的有 1 154 人，含重庆地区的 190 人、昆明地区（包括昆遮、昆泸）的 772 人，贵阳地区的 192 人，约占登记人数的 96%。第二批登记南侨机工 251 人，另有机工妻子 104 人、机工子女 86 人，共计 441 人。第三批登记的南侨机工中，除华侨互助会登记的 125 人外，另有广东省侨务局上报给侨务委员会的 9 人、华侨青年服务社广州分社上报的 50 人、海口侨务局上报的 36 人、上海侨务局上报的 1 人，南京上报的 27 人，共计 248 人。

2. 代发放奖金和证书

抗战期间，南侨机工穿梭在枪林弹雨中，只为运送军需物资至前线，确保后勤供给，其贡献值得表彰。为此，抗战胜利后，政府决定向南侨机工每人发放奖金 200 美元（折合成当时的国币 67 万元）。同时，向南侨机工颁发奖状及证明书。这两项任务由华侨互助会代为执行。

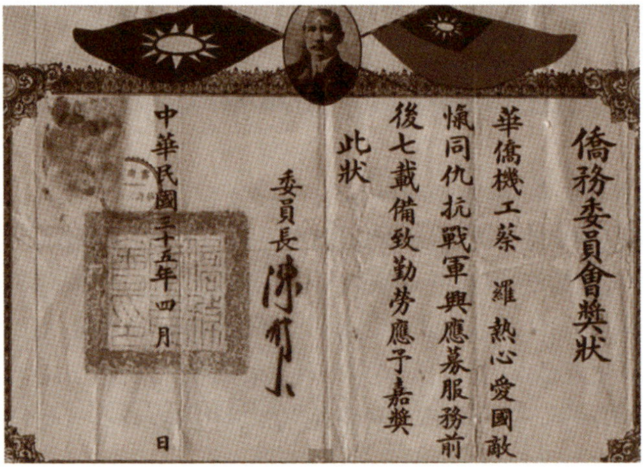

图 8－8　侨务委员会奖状

（1）奖状、证明的发放。

奖状、证明由侨务委员会、交通部、军事委员会运输管理局自行制作，内容详列如下：

侨务委员会奖状

华侨机工＿＿＿＿＿

热心爱国，敌忾同仇，抗战军兴，应募服务前后七载，备致勤劳，应予嘉奖。

此状。

委员长　陈树人

中华民国三十五年四月　日

交通部回国服务证明书

字　　第　号

查张智源现年34岁，系广东人，于民国二十八年八月回国，确系在西南中缅公路服务，计自二十八年八月至三十四年十二月。

合行给予证明。

局长　方兆镐

中华民国卅五年十月

证明书

军事委员会战时运输管理局，兹证明____________于抗战期间由南洋回国在公路运输局服务颇著勤劳。

此证。

兼局长　俞飞鹏

副局长　龚学遂

中华民国　年　月　日

上述所列的奖状、证明，通过邮寄方式发放给少数已回侨居地的机工；通过直接给予方式发放给留在中国的机工。

（2）奖金的发放。

1946年9月14日，侨务委员会向社会发布回国服务南侨机工奖金发放公告，对奖金的数目、发放的时间和地点等作了明确规定：

图8－9　华侨机工回国服务团荣誉纪念章

查南洋华侨回国服务举行复员，经由云南省华侨互助会造册送名册呈会，计1 154人，并经转呈行政院审核准发奖金每人美金二百元，照牌价三三五零折算，合国币发给。兹定于十月一日起十一日止，在重庆本会办事处，昆明云南侨务处分处分发；十月七日起至十七日止，在贵阳本会登记站分发，并将应得奖金之机工姓名分别宣布，仰即依照时期及所属地点前往具领并呈验证件，切勿延变自误。特此公告。[①]

据此公告，1946年9月18日，云南侨务处致函华侨互助会，委托其代发奖金，并随函将发放奖金办法及要求告知华侨互助会：

1. 催请外交部驻滇特派员公署先即填发机工护照以备领款之用。

2. 速即设法普遍通知各地侨工依期往原登记地区领取奖金，兹附来名单30份，即分寄各通信站或其他人士代为多处张贴，俾资周知。

3. 发款时应有贵会逐日派员出席参加审查以使妥善。

4. 所有机工出国证及护照即分为重庆、贵阳、昆明。

5. 派员携致或邮寄各地，以资应用，以上数事对发奖金有切要关系，除由处分头进行外，应请贵会协助办理，特此函达，即希查明办理为荷。

此致　互助会

民国三十五年九月十八日[②]

在发放奖状、证书和奖金的过程中，华侨互助会人员尽心尽力、不辞辛劳，顺利完成了工作，获得云南侨务委员会的认可和肯定，称其“为侨胞服务，对政府效劳，予机工福利，义举侨众，中外同钦”。

---

① 《外交部电驻新加坡总领事馆检发中央日报关于侨务委员会发给华侨机工奖金通告之剪报》，谢培屏编：《战后遣返华侨史料汇编（第三卷）》，台北：“国史馆”2005年版，第375页。

② 《云南侨务处致华侨互助会函（1946年9月18日）》，云南省档案馆藏。

第九章　风尘碌碌：机工南返路辛

南侨机工回国服务的七年间，一方面，他们个人经历了巨大的变迁；另一方面，他们为中国军事运输作出了巨大的牺牲。据不完全统计，有 1 000 多人牺牲在滇缅公路上。而幸存下来的南侨机工，国内主要分布在昆明、贵阳、柳州、重庆、广州、南京等地，以及滇缅公路沿线的保山、大理等地（包括少数因违反“纪律”而仍然被关押在监狱的）。其中，昆明最多，有千余人。国外主要分布在印度、新加坡、仰光等地，其中，在印度的南侨机工约有 200 人。

一、滇黔山地　代表欢送

“二战”后，南侨机工多暂留云南、贵州等地，继续为祖国的运输事业而奋斗。1946 年，机工复员办法出台后，南侨机工复员南返的工作被提上日程。经过近一年的准备，申请复员的机工终于能够启程回家。机工南返前，滇、黔等地的政府机关、社会团体等深感南侨机工在“抗战期间，不避险阻回国服务贡献甚

图 9－1　昆明各界欢送回国服务南侨机工复员

图片来源：陈达娅、陈勇编著：《南洋 1939》，北京：中国华侨出版社 2010 年版，第 90 页。

多，厥功尤伟”，因此为表彰机工的贡献，云南省率先提出举办欢送南侨机工复员大会的倡议：

> 抗战军兴，各地侨胞出钱出力，以争取胜利，尤以南侨机工激于爱国义愤，相率归国参加抗战实际工作。热诚可嘉，八年苦战，西南各线运输工作，亦由侨工担负。今抗战胜利，全面复员，政府以此批侨工对抗战备尝坚辛，尤著劳绩，特发给奖金资遣复员，现此批侨工行期在即，本社会处为表示慰劳及欢送起见，发起欢送南侨机工回国服务复员南返大会。①

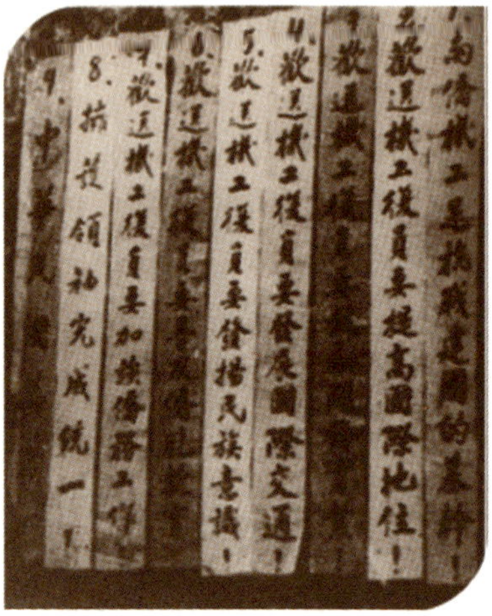

图 9－2　欢送标语

图片来源：华侨博物院编：《南侨机工》，北京：文物出版社 2005 年版，第 96 页。

这一倡议得到云南省社会各界的响应和支持。1946 年 10 月 21 日，省党部、建设厅，昆明市党部、政府、商会、参议会等政府部门，以及云南省教育会、云南省农会、华侨互助处、华侨社会处、青年团团部、电影戏剧商业公会、云南纺织厂、裕滇纺织公司等社会团体均派代表参加筹备会议。经过商讨，代表们确定了欢送大会时间、地点，并对大会的欢送程序、经费募集及具体负责人员作了相应安排。

图 9－3　南侨机工复员纪念章

1946 年 10 月 26 日，云南省欢送回国服务南侨机工复员大会正式在昆明西站举行。除南侨机工外，另有 1 000 多人参加了欢送大会，当中有南侨机工的家眷、政府机关代表、昆明中学师生代表以及昆明各社会团体代表。中国国民党云南省支部主委杨家麟担任大会主席，西南运输处第四区公路局局长葛沣致辞。

大会现场贴满赞扬南侨机工的标语，如“华侨机工是抗战建国的基干”等，以表达政府对南侨机工所作贡献的肯定；又如“欢送机工复员要提高国际地位”“欢送机工复员要鼓励开发实业”“欢送机工复员要发展国际交通”“欢送机工复员要发扬

① 《云南省社会处拟具本省各界欢送南侨机工回国服务团复员大会新闻稿》（1946 年 10 月 22 日），云南省档案馆藏。

民族意识”“欢送机工复员要普及侨胞教育”“欢送机工复员要加强侨务工作”等，以表达政府欲通过欢送机工复员南返这一举措，凝聚民族力量，促使海外侨胞参与建设国家的决心。会上，昆明市各社团还向南侨机工赠慰劳品和服务纪念章。

会后，与会社团组织的骨干成员、社会各界代表与复员机工合影留念，并向其表达自己对他们回国参与抗战的感谢，以及对已殉职机工的痛惜。正如当年《侨讯》中所写的：“以沉痛的心情来欢送复员侨胞，是因为感到侨胞分别由遥远的各方来到异乡，聚首不易，分离在即。尤其回想过去近十年中，我们侨胞为国家、社会流了不少血，同时为国家民族的独立自由而壮烈牺牲了不少英勇侨胞！这批复员侨胞，回国服务历尽艰苦生活，艰险波折，始终站在各自岗位，为抗战努力，为国家服务，其光荣功绩，早为国内外侨胞所共知与称赞。今日将复员回原居地，在他们自然是一愉快之事，然而在国家却少了一批熟练而热心的技术人材，也可以说是一种损失……”①

二、昆渝车站　政府尽责

南侨机工的南返，大多数由政府统一安排，但也有少部分选择自行返家。如在印度服务的机工庄清海，就是自费从加尔各答返回马来亚；又如华侨互助会的白清泉，1946 年 12 月 12 日从昆明出发，当天飞抵广州后，在当地滞留半个月，直到 27 日才携眷从香港乘船返回新加坡。

图 9－4　接运机工南返的卡车整装待发

图片来源：华侨博物院编：《南侨机工》，北京：文物出版社 2005 年版，第 97 页。

图 9－5　车站内各界工友、代表欢送

图片来源：陈达娅、陈勇编著：《南洋 1939》，北京：中国华侨出版社 2010 年版，第 103 页。

① 陈达娅、陈勇编著：《南洋 1939》，北京：中国华侨出版社 2010 年版，第 123 页。

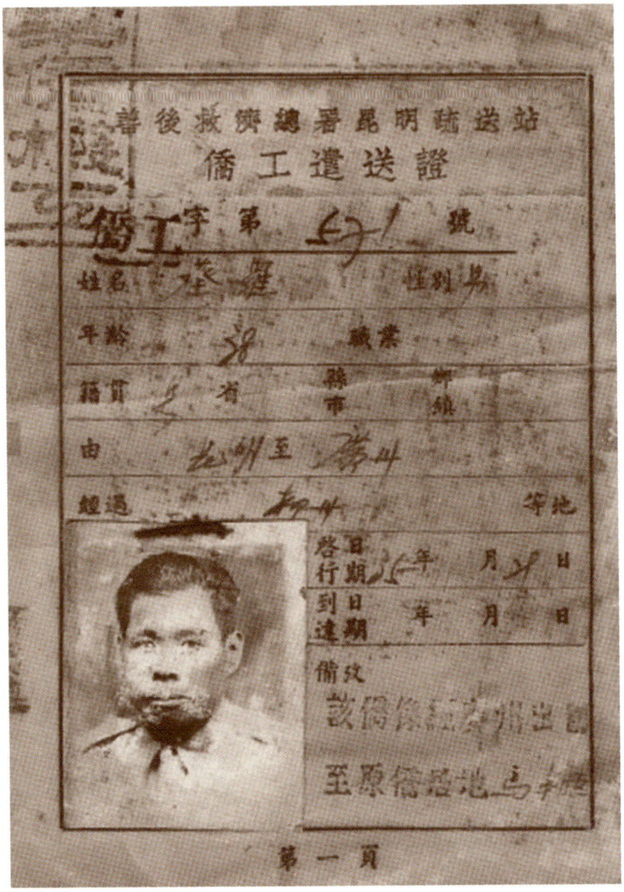
善後救濟總署昆明疏送站
僑工遣送證
僑工字第　　號
姓名　　性別 男
年齡 38　職業
籍貫　省　縣市　鄉鎮
由　至
經過　等地
啓行日期　年　月　日
到達日期　年　月　日
備攷
該僑係　　出國
至原僑居地
第一頁

图 9－6　善后救济总署昆明疏（输）送站侨工遣送证

政府统一安排南返的机工，通常是先乘坐政府统一安排到昆明、贵阳、重庆等地接送的车辆前往广州，待外交部人员为其办妥相关手续后，再从广州乘船至香港。最后，搭乘“联总”安排的轮船返回东南亚。

为确保机工南返行程的顺利及其交通安全，政府各部门作了精心部署。首先是为使乘车有序，要求机工乘车前出示侨务委员会发放的证明。具体内容如下所示：

侨民出国复员乘车证

（　）项第　号

侨民__________申请出国，由__________乘车至__________止，经审查属实应准前往。特给此证以便依序乘车。

中华民国　年　月　日

其次是在过关时出示云南省侨务处发放给各批领队的关卡证明，具体内容如下面引用的1946年11月28日云南省侨务处向第三批复员机工领队发放的行车证明：

证明书

查第三批南返机工复员。第三批由刘善哉任总领队，11月29日由昆出发，即希沿途军、政、宪、警及各关卡，查验放行，须至证明者携带此证。

侨务处

1946年11月28日

再次是须按行政院善后救济总署所成立的南返组织机构的安排，以白清泉、林朝云为总顾问，根据登记顺序，分三批出发，以确保所有申请复员的机工都平安抵达广州。

最后是须得到外交部的许可。在南侨机工抵达广州之前，外交部便致电“两广”特派员公署，告知其此批机工的出发时间，要求其为南侨机工及其家眷办理出国手续时，“尽量予以便利”，同时须“与‘行总’广东分属及‘联总’香港办事处取得联系”。

三、粤港渡口　人数骤减

南侨机工南返分三批出发，第一批以梁一轰为总领队，于1946年10月26日从昆明西站出发赴广州，28日抵达，同行机工及其眷属共421人，其中，机工219人，眷属202人；第二批以王振美为总领队，于1946年11月15日从昆明西站出发赴广州，23日抵达，同行机工及其眷属共156人，其中，机工71人，眷属85人；第三批以刘善哉为总领队，于1946年11月29日从昆明西站出发赴广州，13日抵达，同行机工及其眷属共306人，其中，机工177人，眷属85人。[①] 南侨机工及其眷属抵达广州后，待外交部提前到达的人员为其集中办理护照等入境证件后便乘船前往香港，到香港后再转乘去往新加坡、马来亚等地的轮船。

在广州、香港等候轮船时，部分机工或担心回侨居地后的就业问题，或舍不得留在中国的亲朋，或身体状况不允许继续前行等，对自己的选择产生了忧虑，也产生了怀疑。此外，由于战事及环境复杂，香港当地有大批避难华侨亟待南

① 邱新民：《艰难的行程》，新加坡：文学书屋1985年版，第77页。

返，“联总”需兼顾这些华侨的需要而没能为南返机工准备足够的运载船只，以致最终回到侨居地的机工人数较登记人数少。

根据驻新加坡总领事馆转文给中国外交部的档案，我们大致可知南侨机工抵达侨居地的部分情况：

1946年11月20日，驻新加坡总领事伍伯胜致电外交部，告知其由香港至新加坡的“芝巴德轮”已于18日抵达，船上有返回马来亚的机工50名，他们的入境均没有问题。

1946年11月27日，驻新加坡总领事馆再次致电外交部、侨务委员会，告知其第二批抵达新加坡的华侨有1 000多人，其中机工及其眷属共51名。

1946年11月28日，420名南侨机工抵达新加坡，按照外交部“洽办入境手续”的要求，驻新加坡总领事馆为其集中办理入境手续。29日，情报司告知外交部，抵达新加坡的420名机工中，有57人返回雪兰莪，93人返回霹雳，42人返回柔佛，其余返回彭亨、马六甲等地。

1947年7月8日，“联总”遣送国际难民的工作转由国际难民总署统一办理，中国的对口协调机关则由行政院善后救济总署转为云南省社会处。当时中国正处于国共内战时期，云南省社会处便规定，“如‘行总’‘联总’介绍，赶办不及，则应为自费出国”。

同时，根据南返新加坡的机工回忆，可以大致了解当时机工抵达新加坡后的去向。如南侨机工陈瑞昆回忆其复员经历时说：

> 1947年12月3日，来自中国之丰庆轮抵达星洲码头，其中最惹人注目的是到中国去服务的华侨机工及其妻子儿女，其中包括机工本身179名，家眷104名，儿童97名。据船中名册报告，原来准备遣返者共有420名，因其中一部分在广州时，自行他往，以致乘该轮抵星者，只有复员机工及家眷388名而已。①

从上述所引内容可知，由于部分机工选择留在粤、港或“自行他往”，因此并非所有申请复员的南侨机工均返回侨居地，人数不仅与原登记人数有出入，而且确切的南返机工人数也没法统计。

四、南洋中国　两地皆难

南侨机工当初为支援祖国抗战，远渡重洋来到中国，他们毁家纾难，作好一

① 陈瑞昆：《南归忆旧》，《南侨复员机工互助会十二周年纪念特刊》，内部出版物，1959年，第58页。

切准备。抗战时期，机工或牺牲，或受伤，至抗战结束后，已所剩无几。由于并非所有牺牲者的身份都能被确认，因此已很难找到他们在侨居地的家人；而受伤的机工，因伤无法支撑其返回侨居地，只能留在中国。同时，有在回国期间成家立业的，也不愿再回去。因而，1939 年回国的南侨机工，除牺牲的外，最终有的留在了中国，有的回了南洋。

由于当时的中国局势动荡，一切都亟待重建，留在中国的南侨机工生活不易，只能拿着政府的救济度日，而且由于其身份特殊，有部分人时至今日仍游离在可获得社会保障的群体之外，生活实属不易。

至于回到南洋的机工，因为当初返回中国参加抗日运输工作的举动，使其留在南洋的家属亲人在沦陷期受到牵连，或被虐待，或被杀害，因此，南返机工回到侨居地后首先面对的是家人几乎全无的情况。同时，因为“二战”后新马局势不稳，社会动荡，百废待兴，所以南返机工也可能面临生活穷困、朝不保夕的境况。为此，南洋地区的华侨社团发动华侨社会各界救济生活困难的机工。例如，南侨筹赈总会要求各地社团为南返机工提供救助；槟城华侨社团成立“援助复员机工小组委员会”负责安抚南侨机工事宜，包括膳宿等，同时给予机工一定的生活补助金，“单身者 60 元，有家眷者 100 元”①。

由此可见，不论是留在中国，还是返回南洋，南侨机工皆生活不易。

① 张少宽：《槟榔屿丛谈》，槟城：南洋田野研究室 2005 年版，第 132 页。

结　语

南侨机工以其血肉之躯穿行于崇山峻岭里，奔波于枪林弹雨中，昼夜不息地为前线输送军需物资等，确保前线安全和后方稳定。他们的爱国之心可昭日月，他们的无私贡献值得后人铭记。

图 1　南洋华侨机工回国抗日纪念碑（云南畹町）

图 2　雪兰莪华侨机工回国抗战殉难纪念碑（马来西亚）

图 3　新加坡南侨机工纪念碑，由新加坡中华总商会、怡和轩俱乐部、陈嘉庚基金会和新加坡宗乡会馆联合会共同设立（图片提供　张云鹏）

图4　槟榔屿华侨抗战殉职机工、罹难同胞纪念碑（马来西亚）

图5　南侨二战抗日机工、罹难同胞纪念碑（马来西亚古来）

参考文献

一、专著

1. 陈嘉庚：《南侨回忆录》，香港：草原出版社 1979 年版。

2. 陈嘉庚：《南侨回忆录》，长沙：岳麓书社 1998 年版。

3. 陈毅明、汤璐聪编：《南侨机工抗战纪实》，厦门：鹭江出版社 2005 年版。

4. 华侨博物院编：《南侨机工》，北京：文物出版社 2005 年版。

5. 林少川：《陈嘉庚与南侨机工》，北京：中国华侨出版社 1994 年版。

6. 南洋华侨筹赈祖国难民总会大战与南侨编纂委员会编：《大战与南侨：马来亚之部》，新加坡：新南洋出版社 1947 年版。

7. 南洋华侨机工云南联谊会编：《赤子功勋：南侨机工抗日回国史料汇编》，内部出版物，2010 年。

8. 秦钦峙、汤家麟：《南侨机工回国抗日史》，昆明：云南人民出版社 1989 年版。

9. 邱新民：《艰难的行程》，新加坡：文学书屋 1985 年版。

10. 行政院编：《侨胞复员概况》，南京：行政院新闻局 1947 年版。

11. 杨进发：《战前星华社会结构与领导层初探》，新加坡：新加坡南洋学会 1977 年版。

二、期刊、论文

1. 冯君锐：《南洋华侨机工回国服务始末》，《中华文史资料文库（第十九卷）》，北京：中国文史出版社 1996 年版。

2. 林少川：《南侨机工：中国抗战史上英勇悲壮的群体》，《福建党史月刊》2005 年第 10 期。

3. 童行白：《华侨机工的现状与将来》，《中国劳动》1941 年第 2 期。

4. 夏玉清：《南洋华侨机工研究》，厦门大学博士学位论文，2013 年。

5. 夏玉清：《道阻且长：二战后“南侨机工”的复员与南返》，《暨南学报》2015 年第 2 期。

6. 夏玉清：《南侨总会对中国抗战的贡献——以招募机工为中心的考察》，《抗日战争研究》2015 年第 3 期。

7. 夏玉清：《试论抗战时期南洋华侨机工对军事物资补给的贡献》，《华侨华人历史研究》2015 年第 3 期。

8. 夏玉清：《南洋华侨机工：华侨支持中国抗战研究的新领域》，《云南档案》2015 年第 5 期。

9. 夏玉清：《试论抗战时期“南侨机工”的人数与构成》，《东南亚纵横》2015 年第 6 期。

10. 夏玉清：《“南洋华侨机工”与美国“红十字会”援华物资的运输》，《云南档案》2015 年第 12 期。

11. 夏玉清：《1939 年南洋华侨机工返国始末》，《南洋学报》（新加坡）2015 年第 69 卷。

12. 夏玉清：《家国之间：抗战时期南侨机工与南洋华侨社会》，《南洋问题研究》2016 年第 2 期。

13. 庄明理：《滇缅公路上的华侨机工》，《中华文史资料文库（第十九卷）》，北京：中国文史出版社 1996 年版。

三、网站

1. 李晓明：《特殊的抗日部队“南侨机工”》，http：//news. sina. com. cn/o/2005 -05 -20/17455944487s. shtml，2005 年 5 月 20 日。

2. 王京雪：《南侨机工，被遗忘的卫国者传奇》，http：//yn. xinhuanet. com/2014 -07/14/c_133478938. htm，2014 年 7 月 14 日。

3. 林卫国：《南侨机工回国抗战的故事》，http：//www. shanxiql. com/three. shtml?id =10633，2013 年 6 月 9 日。

4. 王尧：《南侨机工：一群抗日战争中“特殊身份”的勇士们》，http：//edu. 163. com/14/1103/11/AA4EHCRT00294M9O. html，2014 年 11 月 3 日。

5. 黄晨：《三千南侨机工奔赴国难》，http：//www. fjsen. com/yhzh/2015 -04/13/content_15941287. htm，2015 年 4 月 13 日。

6. 陆锦燕：《带领南侨机工穿越滇缅生死线：父亲陆绍康的抗日救国路》，http：//www. zsnews. cn/Backup/2015/10/18/2809702. shtml，2015 年 10 月 18 日。

7. 董芳：《南侨机工，照片中的传奇记忆》，http：//mt. sohu. com/20150815/

n418919240. shtml，2015 年 8 月 15 日。

四、档案、报纸

1. 《蒋介石、宋子文、俞飞鹏等为滇缅公路相关事宜往来函电》，南京：中国第二历史档案馆藏。

2. 《抗战初期蒋介石、宋子文、孔祥熙等募集海外捐债来往函电》，南京：中国第二历史档案馆藏。

3. 《抗战时期经济部工矿调整处等关于滇缅路物资运输问题的相关函电（1940. 1—1941. 10）》，南京：中国第二历史档案馆藏。

4. 《贸易委员会函送驻英使馆之缅甸运输路线亟应开禁理由节略》，南京：中国第二历史档案馆藏。

5. 吴景平、郭岱君编：《宋子文驻美时期电报选（1940—1943）》，上海：复旦大学出版社 2008 年版。

6. 吴强、陈毅明、汤晓梅编著：《南侨机工档案史料选编——云南省档案馆藏部分》，北京：中国华侨出版社 2009 年版。

7. 《西南运输处档案（全宗号 54）》，昆明：云南省档案馆藏。

8. 谢培屏编：《战后遣返华侨史料汇编（第一、二、三卷）》，台北："国史馆" 2003 年、2004 年、2005 年版。

9. 《云南省侨务处档案（全宗号 2）》，昆明：云南省档案馆藏。

10. 《云南省社会处档案（全宗号 92）》，昆明：云南省档案馆藏。

11. 中国第二历史档案馆编：《中华民国档案史料汇编 第五辑政治（二）》，南京：江苏古籍出版社 2003 年版。

12. 《总汇新报（电子版）》，1938—1941 年、1945—1946 年，新加坡国立大学馆藏。

后　记

《为了忘却的爱国者——南洋华侨机工研究》一书的写作，缘于笔者所从事的“南洋华侨机工”研究。“南洋华侨机工”简称“南侨机工”，是20世纪30年代末期由“南洋华侨筹赈祖国难民总会”主席陈嘉庚等侨领发动南洋华侨社会招募的华侨青年司机、修机等技术人才。在中国服务期间，“南侨机工”承担了国外军事物资接转、国内军需的运输重任，为中国抗战正面战场军事物资的补给做出了不可替代的贡献。与此同时，他们也为世界反法西斯战争做出了重要贡献。如今，战争的烽火已离我们远去，但“南侨机工”舍身为国，义无反顾的爱国精神永远值得我们纪念和缅怀。“南侨机工”的历史已经成为中国和东南亚各国华人珍贵的历史记忆，“南侨机工”的历史也成为激励海内外中华儿女奋发努力的历史资源。“前事不忘，后事之师”，我们要铭记“南侨机工”的历史，缅怀其精神，为促进中国和东南亚国家之间的友好交流、为世界和平发展而继续努力。

非常感谢云南省侨办主任杨焱平的鼓励和支持。她在百忙之中为本书作序。话语殷切，笔者如沐春风。非常感谢暨南大学华侨华人研究院（教育部人文社会科学重点研究基地）为此书提供经费支持。非常感谢暨南大学出版社出版此书。非常感谢暨南大学出版社黄圣英副社长的热心帮助。暨南大学出版社编辑冯琳、吴筱颖、郑晓玲、葛舒旸等在本书出版中，尽职尽责，为本书的顺利出版付出的辛苦劳动，在此深表谢意。本书的写作还得到了云南师范大学华文学院和雪莲书记、院长武友德教授的支持和帮助；在对南侨机工的研究中，笔者一直得到林晓昌、张田玉、吴强、汤晓梅、何良泽、徐宏基、张云鹏等诸师友的支持和帮助，在此表示感谢。

由于作者水平有限，加上时间仓促，本书难免存在一些疏漏、瑕疵或错误，敬祈识者不吝赐正。

夏玉清

2016 年 6 月

于云南师范大学华侨华人研究所